À mes parents,
À toute ma famille.

À son arrivée à un espace au milieu de la ville , le jeune homme a commencé à se déplacer dans tous les coins de la rue, quelque chose d'inattendue persistait auprès de ses pensées.

Une voix délicate surgissait de loin.

— Pourquoi êtes-vous si pâle comme ça, vous ne pensez pas que vous-avez besoin d'aide ?

— Le jeune homme regarda avec un air étonné mais qui êtes-vous pour me poser cette question ?

— Ne vous-en faites pas, je suis juste passée par hasard, ne vous en souciez pas trop.

— Je m'en doutais, de toute manière ça fait longtemps que j'ai cessé de faire attention aux remarques des autres.

— Vraiment ? je pensais juste que vous avez besoin d'aide, en cette fin de journée.

— Ça me surprend vraiment, que vous vous intéressiez à ma situation ?

— Mais vous êtes très méfiant, je voulais juste vous aider un peu ; mais je réalise que je dois vous laissez, car vous n'en faites pas très confiance à moi.

— Oui, vous-pouvez dire ça, vous-avez assez insistez, mais je ne veux pas vous préoccuper de ma situation.

— D'accord, ok, j'ai compris, je dois vous-laissez alors, peut-être on se rencontrera un jour.

— « Oh… Oh… c'est toujours comme ça, je suis encore dans mon cocon, depuis le naufrage de notre bateau. Ah ! non, je ne vais demander de l'aide à personne non jamais, je suis mieux comme ça ; et mon espace psychique alors, ça fait des jours et des jours, que je parvenais à la construction de cet espace, qui me sécurise largement, et en plus, c'est la première fois depuis mon installation, dans cet endroit, que j'ai le profond sentiment, d'être libre, et je n'ai pas besoin de l'aide de personne, jusqu'à présent, je suis satisfait, et à l'abri global de tous les désagréments éphémères , c'est un grand soulagement, depuis que je suis arrivé ici, et en plus, je suis très occupé dans mes journées, malgré qu'il y'a beaucoup de choses à faire, et à découvrir, je préfère rester encore, dans cet endroit, pour pouvoir renforcer mes capacités antérieures, et solidifier mon existence, seul au monde, sans la présence de Rawisse, c'est très important, pour ma survie, au sein de la ville. A murmuré le jeune homme.

Ses yeux sont restés attachés, à des rayons de nuage flottant, les maux de son âme, ont submergé soudainement, un froid frais, l'a enveloppé en une boule, inclinée sur soi, ses doutes ne le quittaient pas d'une semelle, pourquoi et comment, et jamais ça. Tout était radical pour lui, modifier le froid, la pluie, les montagnes, les sommets, les collines, la terre, le ciel, le mépris, ses bruits, ses cris. Il donnait un coup à toutes ses certitudes, ses forces, ses faiblesses, rien n'était paisible, serein, et calme, ça démangeait dans ses pensées, même les fourmis ne le lâchaient pas, une sorte d'attachement continuel, le liaient sans volonté, avec l'entourage. « Son regard survolait les toits des bâtiments à côté, tout était confus autour de lui, mais apparement , tout était en ordre, une grande béatitude, dans tout ce désordre apparu, ses habitudes, le réprimaient, le poussaient vers des silences, enfuis, dans son intérieur fragmenté, aller où dans ce froid glacial, disait à haute voix, tout était arrêté dans ses réflexions antérieures, demander de l'aide, oh ! non, jamais ça, son hier ne lui a pas appris, à aller vers l'inconnu, comme disait son ami Rawisse, oui, bien sûr, il avait pleins d'amis, quand il était petit, tout son entourage, le considérait, comme quelqu'un, mais lui, ne le lui ont pas demandé son avis, ils ont tout tracé pour lui, le cours de ses jours de lassitudes, ses fatigues enfantines, tout était à ramener de loin, une sorte de lourdeur, l'a envahi dans ses moments d'élévation vers soi. En un clin d'œil, il a cessé d'observer le monde autour de lui, il murmurait de tas de mots, qui sortaient de sa bouche sans contrainte ; encore la peur, à non, merci, jamais ça » disait à haute voix. Il lui a fallu tout ce temps, pour jeter les barrières illusoires, loin de son territoire.

Ses obstinations le rendaient fière, de sa solitude fabriquée le long de ses égarements émotionnels, perpétuels, qui coulaient dans les froideurs de ses pensées, qui surgissaient, à chaque instant de ses existences, il a calculé tout, même ses battements du cœur sont à contempler, à travers ses fils invisibles, qui le tiraient vers ses terrains intérieurs. Durant ses absences, un vent doux soufflait tout autour de son lieu, qui était sacralisé, par ses moments, de transe et de méditation, qui étaient ritualisés, par tant d'affirmation de soi. Les feuilles de toutes les couleurs, commençaient à survoler au-dessus de son espace, tous ces mouvements lui rappelaient, le temps ou il coupait du bois ; que son père cherchait de la forêt, située auprès de leur ferme, où, il a passé une vingtaine d'années à aller, à travers les sentiers des vallées. Il était en communion totale avec l'entourage, il restait des heures et des heures à faire des ricochets, c'était son seul sport pratiqué dans son temps passé, c'est lui-même qui prétendait, que c'était un sport cérébral et psychique sans équivalence. Pour lui, casser le temps, et le dépenser inconsciemment, sans se soucier de l'époque, c'était un sport à nommer, et à affirmer, sans hésitation, son ultime volonté était ; la compréhension de la nature en face de lui, il était ancré, au milieu de tous les bruits, de cette nature qui ne cessait pas de le fasciner, et le rendait habile et tendre, prêt à défier l'infini, pour se concrétiser, au-dessus de ces arbres, qui hantaient son imagination, et le colonisaient sans répit. En ce moment-là, de l'éloignement de son espace, il ne désirait pas brûler les étapes de son ascension existentielle, il profitait à fond de ses moments d'exaltation, pour être prêt à traverser tous ces chemins, qu'il lui restait encore, pour accéder à la félicité, comme disait sa conscience. Après tant de discussion avec soi-même, il était surpris de l'arrivé de son ami Rawisse, qui suivait ses pas, c'était le seul ami, qu'il voulait garder encore, depuis les années de son enfance, il était le seul à communiquer avec lui en toute liberté. En fait, Rawisse ne parlait pas autant que lui. L'un parlait des arbres, des cascades, des bruits de la nuit, les couleurs du ciel, et la chaleur de la terre, l'autre rêvait au-delà de l'horizon, et attendait le moment, où, il traversa toute cette foule de la nature, qui fermait la route de son ambition, il lui a fallu, des mois et des mois, pour que Rawisse comprenne de son ami qu'il lui restait juste, plus de temps, pour parvenir à dépasser cette nature, qui n'était pas du tout un obstacle en soi, mais bien plus, un lieu de passage et de densité, d'existence et d'échange, et de liens, qui lui offraient cette grandeur de la nature. Bien sûr, il était d'accords par tant de mots, que son ami lui a expliqué, mais lui voulait comprendre plus, voir autre chose que ces verdures autour de lui. Des heures passées, sans qu'aucun disait un mot, des tas de choses occupaient leur temps écoulé, des pages de livres à feuilleter sur place, quelques sandwiches, à apprécier ensemble, des petites siestes prolongées, à s'offrir sans censure, une certaine sérénité à partager ensemble sans imitation, un décalage horaire distinguait leurs activités. Le temps n'était pas compté pour eux, un grand abondance, caractérisait leur manière, de faire et d'agir, dans leurs moments de perte fondatrice, comme l'ont décrit ensemble. Ils ont même confectionné, pleins de souliers, à mettre ou non, leur essentiel c'était de dépasser tout le temps qui l'angoisse, quand il le prenait au sérieux. Ces retours vers le passé, lui ont fait oublier la lourdeur du moment, et la gravité de la terre, qui l'enfonçait invisiblement dans des silences, qui traduisaient l'étrangeté qui le poussait vers le passé, par nostalgie, pour tout son vécu, la lenteur du temps, son application de temps à autre, dans la ferme de son père, ses préoccupations sportives, qui s'étaient organisées, au sein de leur village, sa grande familiarité, et sa bonne humeur, qui embellit ses amitiés passées, une grande affinité qui l'attachait, avec tout ce flux d'événements. Mais maintenant, son endroit préféré, c'était un coin de la rue, déformé, mal bâti, mal fait, mal refait, et sans aucune réparation apparue, « Comment alors ? c'est une rue, qui appartienne   , à tout le monde, c'est pour ça, qu'elle n'est pas réparée, un peu de raison égoïste a émergé ses réflexions ». Des odeurs d'ordures étouffaient sa respiration, quelques fleurs fleurissaient dans des coins à côté. Ce paysage n'a pas changé ses idées, ni de quitter l'endroit, ni de changer son aspect réel. On dirait, qu'il a encore, les parfums de la forêt de son village, et les verdures splendides de la nature à côté de lui. Tous ses souvenirs lui ont permis d'oublier, la misère du lieu profane, où il résidait, par tant de bagages à côté, heureusement, que la poubelle n'était pas aussi loin, il vient de la repérer, il a jeté sa première couverture usée, il s'est sacrifié de pleins d'habits, et des livres déchirés. Une joie douce l'envahissait, à chaque fois, qu'il jetait un nouveau machin, ça lui rappelait peut-être, les jeux des ricochets quand il jeté pleins de cailloux dans la rivière, en compagnie de son ami Rawisse, il y'avait ce constant lien qui le rendait insensible, au changement de climat, des givres couvraient la rosé du matin, des nuages noircissaient, et modifiaient la couleur du ciel, des oiseaux qui immigraient en plein envole, il aimait ce froid, qui gerçait ses orteils, et les rendaient immobiles, dans ses souliers à moitié mouillés, ces fracas de ses jours, l'ont rendus, faible et fragile dans son coin, mais personne ne pouvait changer son avis. C'était-là sa destination, impossible pour lui de choisir une autre destination, que la rue, comme habitat. Comment il peut oublier la perte de son ami Rawisse, il se souvient très bien de lui, quand ils ont pris la décision de quitter le village, et de partir derrière l'horizon, il lui a fallu le gain de son ami, il ne pouvait pas lui refuser son envie, de partir loin des verdures, des rivières, des arbres, qui cachaient le ciel autour de lui, les loups qui peuplaient les nuits des villageois, et ses nuits aussi, il avait assez de toutes ces montagnes qui le transforme, en une petite minutieuse créature, qui n'a pas beaucoup d'importance. Tous ces fils encodés vers son ami, l'ont rendu immobile dans son espace. Peu après, un bruit de tonnerre, lui a aveuglé ses yeux, il avait encore un désir terrible pour la servie, non plus, il lui a fallu vivre encore, mais comment faire, dans ce moment de panique générale ? Tout le monde courait à toute vitesse, des tas de déchets survolaient, les rues de la ville mais lui est resté encore muet, des bidons qui se jetaient vers lui, une sorte de course sans relâche a envahit la foule, des éclats de feu apparu dans le ciel levé, son corps commençait à se lever petite à petit. Mystérieusement, un lien surgissait dans tout ce bazar apparu, la lumière du tonnerre, lui a lancé un langage chiffré entre eux, c'était toujours comme ça de toute façon, il l'avait toujours une facilité, d'appréhender avec la nature, plus que d'autres manières de communication. Leur langage codé n'avait pas de limites, c'était comme le lien qui le liait avec son ami au village, chacun d'entre eux avait une grande force d'éloigner, cette angoisse qui perturbait, leur stabilité amicale, qui était appréciée, par l'entourage. Le bruit de la foule le transformait, en une spirale de mouvements intarissables, son corps suivait, les levés, et les révoltes de la nature, et ses révoltes aussi, un feu ardent a enflammé son foyer physiologique, il sentait un terrible sentiment, de dépasser son espace, et d'aller au-delà de ses frontières ancrées, il voulait tout profané, dans ces moments de panique, malgré l'abandon, pour son lieu passé, son ultime genèse de se régénérer, lui a donné des ailes, il s'est détaché de cette gravité étouffante, qui le stagnait et le réprimait inconsciemment, sans relâche, ses pieds ont pris de l'élan, il a senti le retour d'un grand bouillonnement d'énergie. Un éclair rapide a camouflé son regard, pour le transporter loin, de sa destination, après quelques secondes, il s'est trouvé planté amèrement, contre un mur, qui n'a jamais connu au milieu de la nature, une douleur terrible a surgi son corps, dans ce flux de lumière venant du ciel, et dans tout ce mélange d'incidents, le jeune homme cherchait un abri peut-être, ou un refuge proche quelque part à côté, ça urge dans ses pensées, ses yeux ne distinguaient pas encore, le passage en face de lui. Il lui a fallu l'intervention de ses mains, pour le sortir de cette impasse étroite. Le mur bossé lui a donné une sensation de doute, et d'incertitude de trouver une sortie en face, son envie de servir l'a motivé, d'aller plus loin dans ses recherches, il était obligé de se déplacer, aveuglement, par crainte d'être bousculer par un autre éclair. Il a senti un retour fort vers toutes ses attaches lointaines, son amour pour sa petite famille, son ultime respect pour son ami Rawisse, toute la fraicheur du passé était présente, il s'est même abandonné dans ses réflexions, il est resté des heures, à se détacher de ses nœuds enfilés, il était sûr que son secours n'aboutira pas, sans toucher le sol complètement, en un laps du temps, son corps glissait tout au long de la terre, des gouttes d'eau traversés ses vêtements usés, un froid doux a fait sursauter son faible corps. C'est la première fois depuis son voyage, qu'il a retrouvé ses rares moments de bonheur et de satisfaction. L'incident de la nature, lui a rappelé le bateau, la rivière, les verdures, les cascades qui jaillissaient au-dessus de leur espace restreint, le petit visage de son ami ne quittait pas sa mémoire, tout un panorama de souvenirs, lui a permis de vivre encore intensément. Le jeune homme a repris son souffle, qui était emprisonné dans ses vagues intérieurs, il commençait à fouiller par terre, peut-être trouvera-il un moyen de se lever sain et sauf. Le flux de passagers à l'air intarissable, il était même étonné par tant de calme et de réflexion qui les distinguaient, quelque chose qui revient à la surface, il avait à choisir entre courir à toute vitesse, ou laisser la liberté à son être de choisir, encore parcourir les chemins du passé, avant même de se lancer dans ses pensées lointaines, il est resté immobile, à observer les gens passés, avec un sang-froid, sans tenir compte des personnes à terre, sa conscience s'est émergé, et a pris de la valeur, il ne cessait pas d'attendre, le retour vers un temps optimal, ses yeux se levaient au ciel, souhaitant voir plus de clarté, et peut-être des petits signes qui éclaircissait sa prédiction, et avoir plus de confiance en soi, et pourquoi pas, ne pas attendre, à un message venant de son ami Rawisse. Tous ces allers-retours lui lançaient des étincelles dans l'avenir, il avait la capacité de les conserver, chaudement dans les coulisses de sa conscience. Dans ces moments de faiblesse, son ultime volonté, était l'élimination de la souffrance, et la compréhension de son monde profond, qui lui rappelait sa dignité, son retour vers le commencement, et parfois même le vide qui hantait, ses champs de pensée, il lui a fallu accepter ses inclinations, sans regret ni rejet. Un grand soulagement, d'être en équilibre avec soi-même. Sa responsabilité consistait à garder son unité, son entité, et son construit, tout au long de ses marches différées. Le bruit de la nature se réduisait progressivement, ses éclairs se transformaient sans relâche, l'apparition d'une grosse quantité de mousse blanche à côté de la route, ses sens lui signalaient sa familiarité avec ce phénomène, son regard s'est élargi étonnamment, cette mousse lui rappelait la rivière, les longues journées, passées avec son ami, leur voyage parcouru ensemble, leur petit bateau qui ont fabriqué pendant des mois entiers, leurs défis de pouvoir traverser, les grandes cascades d'eau le long de la rivière, les bavardages écoulés, de temps en temps. Il n'arrivait pas à oublier sa famille, et leur façon d'agir, sans leur révéler le voyage, qu'ils ont planifié ensemble. Soudainement, il a senti un bouleversement énorme, une grave migraine tapée sa sphère gauche, une douleur envahissait tout son corps, ça faisait des mois, qu'il ne sentait plus son corps, ce dernier était inhabitable, le plus important pour lui c'était de se transcender, vers son ami, mais en ce moment, il a l'air perturbé, il ne se contrôlait plus, une énergie incompréhensible, dominait son cerveau, des motivations partout, le transportaient dans des univers divers. Il avait mal, il lançait sa main dans un vide obscur, comment il pouvait oublier, la perte de son ami, son échec de le secourir, tant de questions surgissaient à la surface. Tout est à refaire, un grand désordre dans son être. Après un long silence, il a cessé de regarder la foule, par son ultime compréhension, de son artificiel mouvement, rien d'authentique, même le calme apparu était qu'une sorte de l'effet de l'éclair. Tout à coup, des pas qui se dirigeaient vers lui, il a lancé son regard fixement, un visage familier se présenter à lui, il se souvient très bien de ce portrait, et aussi son ambivalence vis-à-vis de ses propositions d'aide, il était dans un état de refus, et de rejet de toute communication ; rien n'était important pour lui, dans ces moments-là de rencontre, il n'acceptait aucune sollicitation de personne, même de la femme qui était en face de lui, son langage était immobile, depuis des semaines ; il sentait une grande richesse dans son intérieur, il n'avait plus besoin de personne. La jeune femme ne lassait pas de lui parler, peut-être elle trouvera une raison pour son attitude, et dénouer ensemble son univers, mais rien à faire, aucune parole sortit à présent, parler pour lui, c'était comme perdre encore plus de temps, et en plus, il avait assez parlé dans le passé, maintenant il a besoin de réflexion, sa certitude, ne laissait aucune opportunité, à la jeune femme de l'aider, malgré la montée de l'eau, à travers les rues de la ville, il continuait ses obstinations, la jeune femme l'a tiré fortement par le bras, et, ils ont suivi la foule en panique ; la surface de l'eau, est couverte de la mousse blanche, ses souvenirs, se sont élargis tout au long de la course, une grande cascade d'eau débordait au-dessus du chemin ; ils n'avaient qu'un seul choix, c'est de suivre le courant d'eau, calmement ; apparemment, la panique a stimulé leur intelligence collective, tous à l'eau. Dans ce climat extrême, tout un feed d'images, se présenter auprès de lui ; en voyant les vagues remontaient, il s'est jeté au-dessus, une sorte de réaction inconsciente l'a dominé, il était persuadé d'être, dans une mission de sauvetage, la jeune femme, s'est éloignée soudainement de sa vue, il ne voyait plus rien en face, tant de magma de souvenirs, l'empêchaient de voir clairement. Un petit univers s'ouvrit en lui. Un grand retour le dirigeait vers le passé, malgré la puissance du moment, et des appels mystérieux, qui l'approchaient, de plus en plus de la la femme, en un instant, il s'est éloigné largement, de la femme, il contemplait tout, son père en train de semer du sauge, dans leurs champs, et tant de récolte entassé à côté, des villageois qui levaient leurs mains au ciel, demandant plus de pluie, il n'a pas oublié les tisanes, que lui préparait sa maman, leur affinité tissée tout au long, de leur vécu ensemble, des contes qui lui racontait, sur les peuples lointains, lui a permis d'accepter ces retours incertains, qui le lançait brusquement vers le passé. Il se souvient des mois passés, à fabriquer le bateau en compagnie de son ami Rawisse, tant de fragments d'événements se présenter en face de lui, les rythmes ordonnés des chants, et de l'abondante pluie, qui avait écoulée le jour de leur départ. Il constituait tout de sa mémoire, tout était à construire, à ordonner, à enfiler, à tisser ensemble, il voulait rien laisser au hasard, ramener tout à son espace, son temps, son passé, son futur, conserver ses images, ses fatigues, ses douleurs, ses concentrations, tout mettre en semble, parvenir à écraser ses échappements inconscients, les emprisonner dans son réservoir conservé. De toute façon, son voyage n'était pas imposé à lui, c'était un choix, et un projet préparé, avec son ami, personne ne lui a dicté ses ordres, il lui a fallu absolument, enlever ses regrets, et ses méprises de soi, il était sûr que son incapacité d'orienter le bateau, n'était pas volontaire de sa part, alors pourquoi tant de soucis, qui basculaient son raisonnement, même si son ami n'était pas un grand nageur, autant que lui, mais de toute façon, il ne pouvait rien changer dans son destin. Comment ? Encore des questions qui le bouleversaient entièrement, pourquoi alors, ne s'est pas laissé couler en temps que son bateau ? tant de vas-et-vient hantait sa petite âme, qui s'est affaiblie, tout au long de son voyage parcouru, il était tout à fait conscient, que son vécu dans la ville, n'était pas assez vivable. En effet, il a passé des mois et des mois, dans une solitude bien choisit. « Il ne cessait pas de s'interroger, sur les raisons de ses attentes, dans des endroits incertains, attendre quoi dans des vagues espaces sans repères, il cherchait quoi dans tout le monde inconnu autour de lui » disait silencieusement, sa volonté ne le laissait jamais en paix, il a fallu tout comprendre ; enchanter son univers, le rendre apte et digne de la vie, il n'a pas lassé, de grimper l'ascension de son accomplissement intérieur, tout n'était pas clair avant son voyage. Auparavant, il fallait rester en permanence, dans un processus de réflexion, sans assimilation claire, mais sa conviction profonde, de la rareté de son village, lui a fait oublier l'accomplissement de son self. Son premier ego, le satisfaisait entièrement, il n'avait pas besoin de s'altérer, ni de se perturber, dans sa pré-conscience, il se rappelait de toutes les années de félicité, qu'il a vécues avant son arrivée ; dans une ultime joie de vivre intensément, par ses propres moyens de bonheur. Ses voyages intérieurs n'avaient pas de fin, une sorte de renouvellement intense surgissait au fond de ses méditations, une grande compréhension pour soi, lui a permis de tout aménager auprès de lui, rien ne le déconcentrer dans les vastes lieux inconnus autour de lui.

2

Il voulait tout comprendre, tout basculer, tout changer, tout descendre et remettre en même temps, aller là où il n'y avait personne, et parfois même, il montait l'ascenseur et vérifiait ses fonctionnements sans se soucier de son départ, il était là pour sa survie, ainsi que la survie des autres, il ne prêtait plus attentions aux avions qui passent, et les bateaux qui vaguent, et les voitures qui roulent, ni aux trains qui quittaient les stations, il était dans sa station ; des sentiments qui lui donnaient la force, d'accepter sa période stationnaire, et ses aléas apparus, il était là en pleine vie, il se cherchait malgré l'ombre du matin, et la stagnation des pigeons ; il a tant essayé de les remettre à l'envol, et les faire bouger de ces espaces immobiles ; mais il était sûr qu'elles étaient splendides sans envol, son espoir était de les voir voler un jour, vers la ferme de son père, il se souvient des chants de sa maman, et ses mélodies, qui ne quittaient jamais sa mémoire, tant de souvenirs qui hantaient ses nuits, ses rêves paradoxaux, ils ne cessaient pas de le réveiller au milieu d'énigme, il tapait les pieds pour l'échappement du nœud, et le glissement de réponse, il faisait pleins de traces de chaussures, peut-être il trouvera son calme, mais rien n'est fait, il lui a fallu absolument, courir vers des endroits, où il passait des journées entières, à déchiffrer tous ses évènements passés, en oubliant, les rêves et les cauchemars de la nuit, il se concrétisaient pleinement, dans sa réalité tout était fait par ses efforts, ses larmes, ses sueurs. Il était certain, que ses préoccupations de soi, l'ont rendu plus attentif, et capable d'accepter l'étrangeté de l'espace à son arrivé en ville, ils étaient sûrs de sa nature bohème, et sa passivité dans la vie, ils ont regardé juste, ses vêtements usés, et ses souliers troués, ils ne voulaient rien savoir de plus, ni ses vécus lointains, ni son voyage parcouru. L'accident ne lui a pas laissé le temps de construire autrement, il lui a fallu, comprendre tout le déroulement de son voyage, avant de continuer à s'insérer progressivement, dans son nouvel espace au milieu urbain.

3.

Après le départ de la jeune femme ; il est rentré dans son monde, construit, et imaginé, tout au long de son repli sur ses compréhensions fondamentales, qui lui ont ouvert les portes de l'imaginaire qui lui ont permis de rentrer en contact, avec son monde sublimé, par ses propres réflexions antérieures et authentiques, il bâtissait lui-même ses schèmes d'existences, pour pouvoir garder encore plus de réalité et d'être soi-même, sans coupure avec sa personne.

Soudain, son corps se révolta, et il ne pouvait plus ignorer, les géantes vagues qui remontaient au-dessus de sa morphologie ; il nageait de toutes ses forces, il luttait comme si, c'était son dernier souffle. Après avoir perdu son ami, pendant leur voyage, la souffrance qu'il a vécu en ville, avec tant de citadins inconnus, et leur ignorance de tout bruit aux alentour, ou autre existence qui peut les déconcentrer de leurs activités, sa persévérance de combattre la colère de la nature, n'a pas cessé de perpétuer ; il voulait mémoriser la mémoire de son ami, il continuait sa nage pour conserver sa vie, et pouvoir conserver vivement son amitié, sans recul ni regret, maintenant, il est sûr qu'il devrait combattre sa faiblesse, et ses régressions, qui l'ont empêché d'accepter la disparition de son ami, et de faire le douille, sans culpabilité ; tant de questions et de réponses, surgissaient en même temps à l'intérieur de son être, la diminution d'eau, lui a laissé la chance de se sauver, de cette tempête imprévue, peu après, il s'est retrouvé accroché à l'arbre d'olivier, qui a perdu la totalité de ses branches, et ses verdâtres feuilles. Le vide de l'espace l'a rendu inquiet et angoissé, il ne voulait pas bouger du lieu, il était attaché à tous les lieux qui se remplissaient de temps en temps, il a constaté que l'endroit a subi des altérations brusques et sauvages ; des déracinements d'arbres, des démolitions de bâtiments, des cassures de voitures à côté, des vitrines, qui ont perdu leurs éclats, tout était dévasté autour de lui, et malgré ça, il attendait encore autour de ces lieux profanes. Quelque chose a attiré son attention, pleins de débris entassés sur les trottoirs de la ville, dans un bref de temps, il a aperçu un sac rouge, à côté tout altéré, à ce moment-là, il s'est rappelé du sac de son ami. Il s'est retrouvé en même endroit qu'avant, en se tournant dans tous les sens, il s'est retrouvé en plein éveil, au milieu de ses bagages, sans changer de lieu, c'était une longue nuit qui lui a ouvert des horizons d'existence, en effet, il a découvert, qu'il s'est laissé emporter par un voyage virtuel en plein essor, des cascades, des tempêtes, des appels à l'aide, et tas d'événements, qui l'ont laissé en harmonie, et en continuité, avec les délires de son rêve. Le rêve qui lui a décrypté, les signes de son voyage, et les raisons de ses mutations au sein de la ville et son repli radicale, sur soi, et l'invention de son petit abri au milieu de son chemin, il parlait silencieusement, il s'est étonné d'avoir eu, un grand trou à côté, il a tout creusé, sans faire attention à tant de terreau en face, il a aperçu l'étrangeté de l'endroit et sa capacité de rester encore, pendant plus d'un mois, il commençait à se détacher petit à petit du sol, de la froideur des murs autour de lui, son corps commençait à le dégouter, par toute une accumulation, de poussière de la ville, il s'est levé en parlant haut et fort ; pourquoi je suis là ? Comment je suis arrivé là ? pourquoi tout ce bazar, qui est en face ? il parlait parlait sans arrêt moi, on était là hier, à cette heure-ci ; oui tout seul ; non, non avec mon ami « tout est survenu en même temps remplir son espace, des phrases, des mots, des réflexions, des pensées, tout est submergé, pour le ramener vers son éclosion, il sautait en même temps, que ses idées, il tournait, et il partait et revenir, pour mobiliser tout son état d'alerte, oui j'arriverai, je sais pourquoi je suis là, et les autres aussi, qui circulaient sans arrêt je me rappelle des vagues de la rivière, et notre bateau aussi » disait tout en continuant à marcher. Soudain, ça s'arrête dans ses réflexions, pourquoi, il y'avait le bateau et la tempête, et tant de débris, et les cris de son ami, ou de son amie, non c'était dans le rêve, c'était confus encore, il courait très vite, pour s'en rappeler, et pouvoir sortir les mots justes, qui traduisaient ses profondes pensées, et ses événements passés, il a décidé de tout aménager faire bouger toutes ses affaires à terre. Il marmonnait plusieurs phrases à la fois, « il faudrait que je déroule mes idées je secoue mes pensées, je stimule mes neu-rones » disait à voix basse. En un bref temps, il a tout débarrassé de son chemin, les couvertures à côté, ses petites choses qu'ils gardaient encore ; et pleins de cailloux de toutes les formes, qui étaient enroulés dans une étoffe de tissé bien soigné, « ceux-ci Je ne vais pas le jeter » disait encore, je dois le conserver, il était sûr qu'il doit le con-server, et il ne se rappelait pas encore, de ses souvenirs, ni le lien qui le liait avec ce petit mouchoir enroulé, il l'a bien mis dans sa poche, en le fermant attentivement, il a tout débarrassé de son chemin, il n'a rien laissé en face, une sorte d'un état maniaque l'a englobé, il a tout rangé en face de lui, sans poser encore de questions, il a traversé le grand boulevard de la ville, sans regarder en face, il s'est tourné à droite et à gauche, jusqu'à qu'il s'est retrouvé, en face d'un miroir remplissant toute la vitrine, il s'est re-gardé longtemps, avec un air ébahi, de voir la face en face : « c'est moi ! c'est moi ! » réclamé comme un petit enfant. Il a regardé avec douleur, son état, son allure, son vis-age avait l'air pâle, et très fatigué, ses yeux étaient gonflés et toutes rouges, ses cheveux qui ont assez poussé, il commençait à se gratter, comment, il a accepté tout ce changement apparu, il s'est retourné violemment, en courant à toute vitesse, dans les rues de la ville ; ses souliers n'en lui ont pas laissé, trop de chance pour courir à toute vitesse, en un clin d'œil, il les a laissé de côté, il s'est libéré de toute les ficelles, qui en-freint sa mobilité « non, en ce moment, je n'ai pas besoin de ces souliers, malgré leurs souvenirs » disait à haute voix, pour être convaincu, de ses actions spontanées, il n'avait pas peur de blesser encore son petit corps, il est devenu assez solide, durant la traversé de ses circonstances, et le déroulement, de ses journées passées en ville, il continuait à s'attacher à tous ces mouvements qu'il observait, et il filtrait tout sans con-trainte, rien ne pourra modifier ses apports et ses rapports au monde, il était dans un processus d'admission, pour son état actuel, il a tout ramené vers soi, il avait la capac-ité de tout abandonné, et mettre plus de légèreté en face de ses perspectives, il a qu'a confectionner d'autres souliers, de toute façon ce n'était pas prioritaire pour lui, il lui a fallu absolument, s'éloigner de toutes les contraintes et les brouillards, qui camouflaient sa vue, et le détournaient de ses puissances conservées, et nourris pendant ses absences, comme disait les citadins pour lui, en lui lançant leurs regards d'étonnements, et de questionnements sur son état, son portrait, ses négligences de soi, son refus d'accepter leur compassion, et leurs soucis à son égard, et parfois même le dégoût, et toute sorte de méconnaissances volontaires, ils considéraient les habitants de la rue, comme des personnes, qui n'aiment pas être chouchouter pleinement par la vie, il était en monologue continuel, il répondait à toutes les contradictions qui abîmaient sa sérénité, et désorientaient son ultime harmonie de son être, loin de toutes les apparences trompeuses, il avait assez d'énergie, d'accepter toutes les silences, et tous les égarements, dont il a eu pendant son voyage, il perpétuait encore sa présence dans ces espaces-là, et son temps passé par des profonds sommeils, sans se soucier de la faim, ni du froid, ni aucune souffrances, qui pourrait modifier son intérieur mouvementé, et entretenu bien au chaud, il se rappelait de la chaleur, de son petit âme, il préférait dormir, appeler les vagues de son inconscience, au lieu de se sacrifier la valeur de son être, il gardait entièrement la partie supérieur, de sa splendeur, sa gloire profonde, son âme conservé, sa conscience rénovée et entretenue, de toute manière, il était conscient de ses rêves, il s'est même laissé emporter par leurs facettes incertaines, pour pouvoir y entrer, dans leurs coulisses, et extraire leur essence. Il savait bien que derrière le brouillard, il y'avait certainement le soleil, qu'il lui parlait son père, c'était ancré dans ses réflexions, et vécu tout au long de son vécu. Après son long voyage, il lui a fallu retrouver le retour de tout son temps actuel, et réaliser son existence entièrement ; il a regardé son ancien abri avec un air détaché, il s'est même laissé emporter, par un humour ironiste, en se disant à voix haute « un sac altéré ; je m'en moque de son altération », disait fièrement, en hochant la tête. Il était convaincu de ses certitudes, de ses idées, ses actions, ses pensées, on dirait que son être voulait, le mettre face à face avec soi-même, l'arracher des mois de méprise, et de déni pour sa personne et en même temps, il était sûr qu'il a perdu la conscience durant l'accident, il posait beaucoup de questions à son sujet, et il gardait encore l'espoir, de retrouver son ami sain et sauf ; il voulait bien sortir de ses illusions, mais sa grandeur, était au-dessus de sa nature, il avait une sorte de certitude de retrouver, son passé sans regret ni rejet, son amitié passée n'était pas une phase, à dépasser ni à abandonner, mais bien plus, une sorte de passage et de destiné, il n'aimait pas trop les leçons, il regardait à droite et à gauche, des centaines de pigeons picotaient des graines autour de la grande fontaine de la ville, il contemplait vaguement ce paysage, et il se laissait hypnotisé par le calme, et la sérénité de ces oiseaux, il s'est offert une pause, après avoir eu des émotions mouvementés, il lui a fallu tout un début, pour comprendre son milieu actuel, il revenait petit à petit, en se mettant à côté des choses, et en analysant les modifications de la nature ; des feuilles d'automne à collecter, des fruits de marrons à cuillère, et pleins de petits écureuils, qui faisaient leur spectacle, en gambadant les hautes branches, des arbres à côté de lui, il se permettait de revenir auprès de lui, de se retrouver près de sa solitude assumée, et riche de silence, par ses retours vers l'essentiel de son existence ; maintenant, il a le temps d'ordonner ses idées, et de les mettre en harmonie ; sans les perturbations du monde urbain. Soudainement, en se faufilant dans sa poche, il a touché sa précieuse étoffe, gardée attentivement durant son chemin. Il a sorti les cailloux avec un geste délicat, en les mettant tous dans le creux de sa main, il n'arrivait plus à gérer ses émotions ; en un moment ; il a craqué, laissant l'opportunité à sa haute faiblesse, il pleurait comme si, il n'avait jamais pleuré pareillement, il a laissé ses larmes remplirent les traits de son visage ; comment il a pu oublier le jeu de son enfance, et le sport cérébral qu'il pratiquait en compagnie de son ami Rawisse, en faisant des ricochets, il était sûr que sa confusion précédente était liée à l'accident passé, mais il n'avait pas la certitude qu'il avait une déficience cérébrale, il n'était pas prêt à accepter aucun examen médical, il était en train de tout mettre à sa place, ses analyses, ses souvenirs, ses débordements, ses retours au présent, la présence de son être, qui mémorisait entièrement ses chagrins, sa conscience, son incapacité, à comprendre tous les événements passés, sa volonté de connaître encore, plus de détails sur son voyage. Sa curiosité minutieuse ; le conduisait encore, vers le devant de sa concrétisation dans son monde réel, il prêtait du temps à ses réflexions continuelles, pour aboutir à l'élévation de son existence, et de sa réalité, tout était là en face, de sa perception, il était sûr que ces paysages, qu'ils contemplaient, étaient tout à fait authentiques, et réels, ils n'ont pas subi encore les changements du monde moderne ; chaque fois qu'il ne voyait personne, il était profondément certain, qu'il était en communication proche entre lui et le monde vierge de la nature, sans création artificielle, son calme est dû à l'importance de ses circonstances passées, il venait de vivre un traumatisme douloureux, qui a tremblé tout son état actuel, il n'avait pas la possibilité et la volonté de partager son chagrin avec l'entourage, il ne connaissait personne au milieu de la ville, il partait, dans toutes les rues de la ville, pour pouvoir repérer, quelqu'un de familier, mais il ne trouvait personne, il était convaincu, qu'il s'en sortira ; s'il écoutait attentivement les paroles de son instinct, et de sa raison intelligible.

« Je ne comprends pas pourquoi il ne veut pas agir rapidement, il est dans un processus d'attente insupportable, il ne se détache pas de ces vagues vus sans limites, il voyage encore à travers son passé, il prête attention à tout ce flux intarissable de ses pensées, j'attends qu'il coupe le file de son début, aller vers un autre commencement, il faut qu'il agisse rapidement, qu'il change d'endroit, qu'il arrête de penser, qu'il invente, cherche une source pour purifier ses habits, son corps, laisser de côté son esprit, ne pas creuser ses neurones, jusque au l'épuisement, se lâcher se détacher de ses magmas infernaux, il faut qu'il coure un peu, je sais ; qu'il ne veut plus courir, mais il faut que je mobilise ses idées, sans trop compliquer, il faut que je le conduise vers la simplicité, vers l'écoulement de la vie, le jaillissement de la fontaine en face de lui, de toute cette beauté de la nature, pourquoi il ne regarde plus la vitalité de l'eau, le mouvement de la lumière, la splendeur des arbres, pourquoi il n'avait pas l'idée de fabriquer une tente, une cabane, pourquoi il n'a pas osé, monter le géant arbre, il y'avait pleins d'arbres à côté de lui pourquoi il n'a pas fabriqué un tchador, de toutes ces feuilles d'arbres ; je ne supporte plus sa passivité, son isolement, malgré un mois d'attente de ma part, il s'en moquait de mon observation lointaine, il était dans sa transe profonde ; il montait dans l'échelle de son accomplissement, de sa solitude assumée ; il voulait confirmer son bonheur, comme il disait, il est dans sa résistance continuelle, il aimait ça ; mais moi je n'ai assez, de ses silences muettes, il faudrait absolument, que je trouve un moyen de le sortir, de son monde, sans le basculer, il est dans sa nature première, je ne veux pas lui transformer, sa force silencieuse, ses certitudes, ses chagrins, je vais encore supporter sa passivité, et son détachement apparent du milieu, oui je vais le nommer « milieu » au lieu de « l'endroit » c'est à dire la moitié de l'endroit ; ça veut-dire, la moitié du droit, après peut-être il cherchera un endroit, et avoir ses droits complètement ; il se voit digne de lui, il ne demande rien à personne, ni même les droits de son ami, d'être sauvé des profondeurs de la rivière, il est là à attendre, et vivre encore au sol, malgré son intelligence, ses précieuses qualités, son caractère acharné, et sa façon de concevoir l'amitié, il est dans l'authenticité, mais je pense qu'il va se libérer, de tant d'émotions inutiles, qui enfreignaient sa volonté, et contraint son courage... » il a fallu que je mette un peu de mon souffle au milieu de son voyage !

Après ses méditations continuelles, il avait faim, il sentait son estomac gargouiller sans arrêt, il lui a fallu faire plus d'efforts et aller chercher à se nourrir, et sauver son petit « body » ; qui commençait à s'affaiblir visiblement, il s'est levait difficilement, apparemment, il ne pouvait plus continuer sans chaussures, il regardait dans tous les sens, peut-être il trouvera une astuce, à son problème. Soudain, il a aperçu pleins de cotons, au tronc d'un arbre de Séquoia, en regardant tout au long du géant arbre, il a repéré pleins de nids, remplissant les branches en toute harmonie, en un geste, il a choisi des morceaux d'écorces, puis il a collé le coton dessus, en utilisant la sève d'arbre, ensuite il a attendu des dizaines de minutes, pour que ça sèche.

Après avoir confectionné ses souliers, il a pris son envol en se dirigent vers le square de la ville tout en suivant l'envol des pigeons, dès qu'il arrivait à la place il a acheté quelques sandwiches, pour sauver son corps affaibli. En regardant à droite et à gauche, il a aperçu la jeune femme, qu'elle a rencontré, à son premier arrivé en ville, elle était accompagnée d'un groupe de personnes qui étaient dans la même situation que lui, mal vêtu, mal nourris, mal logis ; ils avaient l'air appauvri et fragile. Dans le langage ordinaire, ces personnes-là s'appellent des bohèmes ; c'est des personnes qui ont perdu le contact, avec le monde institutionnalisé, la majorité de ces personnes sont intelligentes et créatives et entièrement autonome. Le voyageur méconnu regardait attentivement le groupe, il avait l'impression, qu'ils étaient des sans-abris ; la femme continuait à lui adresser la parole, peut-être, il acceptera de rejoindre le groupe, elle lui parlait ouvertement, elle était amenée à l'encourager et pouvoir l'intégrer au sein du groupe.

— C'était comme ça, et pas autrement, disait la jeune femme au groupe qui était déjà regroupé ; le voyageur méconnu regardait la jeune femme attentivement, en se rappelant qu'il l'avait déjà vu, en arrivant la première fois en ville, la jeune femme continuait ses bavardages, en adressant la parole aux personnes à côté.

— Vous avez qu'a s'exprimer librement, vous avez qu'à extérioriser tous vos sentiments, surtout ne refoulez rien, de vos sentiments négatifs, ne soyez pas hésitants, on est là pour s'en sortir, n'attendez pas, que les passants vous regarde, n'attendez le regard de Personne, on va solidifier nos liens, ne comptez pas sur tout ce monde agité », la jeune femme ne cessait pas d'organiser son cercle.

Tous étaient-là à l'écouter, une certaine confiance s'est instaurée visiblement ; même le voyageur méconnu s'est mis au sein du cercle, ils étaient nombreux à partager des réflexions et des idées, qui leurs permettaient de bien extérioriser leurs vécus en ville, tous étaient dans les rues de la ville, ils étaient fières de leurs habitats, leur force d'avoir quitté le monde fermé, qu'ils ne comprenaient pas, et d'être libres de toutes les contraintes, qui étaient imposées à eux, ils ne regrettaient rien de leur passé, ils ont tout coupé, jeté, abandonné de tout leur vécus, personne d'eux ne se rappelait de son hier, en effet, c'était leur propre volonté, ils étaient satisfaits de leurs résultats, on dirait qu'ils attendaient, d'y arriver à un résultats précis, c'était leur unique motivation à présent. En écoutant leurs paroles un petit peu décousu, la femme commençait, à leur répéter les mêmes mots, les mêmes gestes, les mêmes mimiques du visage, les levés de leurs voix, et parfois même l'étouffements de leurs paroles, et la perte de leurs pensées, la jeune femme ne cessait pas d'adresser la parole au voyageur méconnu, mais lui était très intéressé par le cercle, et leur façon d'approprier l'espace, et de le départager entre eux, une sorte d'altruisme, comblé leurs apparences mondaines, ils étaient très complices entre eux, de temps en temps, ils lançaient des regards d'étonnements, vers le voyageur, certains étaient sûr qu'il n'était pas avec eux, mais d'autres ne savaient rien du tout, mais personne ne disait un mot, à son sujet, tout le monde a parvenu à emprunter du sens à son arrivée, sauf la jeune femme, qui était sûre qu'il était avec eux, dès leur début du cercle, elle était très excitée de partager leurs paroles, leurs rêves, leurs projets, et leur façon d'apprécier chaque moment de leur existence, et l'échappement de leurs sourires, la facilité de leurs communications, tant de réflexes, qui montraient leur détachement de la vie, et en même temps leur profonde compréhension, de son déroulement, le voyageur méconnu était sûr de la confusion de la femme ; mais il ne voulait pas la basculer, ni la contrarier, dans des situations rares, comme celles-ci, elle parlait de ses journées en ville, ses recherches pour de nouveaux arrivants, son travail acharné pour trouver un endroit digne d'eux, elle faisait des trajets, entre sa ville natale, et sa nouvelle ville, elle était prête à voyager durant toutes les semaines, pour parvenir à soutenir ces personnes, par son soutien quotidien, loin de toute aide matérielle, ils étaient autonomes, dans leurs manières de subvenir, à leurs soins, ainsi que leur entretien quotidien, ils n'avaient pas besoin, de réclamer l'assistance de la femme dans ce genre de situation. En effet, ils étaient assez débrouillards, dans leur quotidien. Les membres du groupe savaient bien que la jeune femme est membre, d'une « fondation » au centre de sa ville natale, la fondation s'occupait des personnes en voie d'insertion et de développement ; comme elle leur a expliqué, pendant sa première rencontre avec eux ; ils étaient convaincus de son utilité et sa présence était importante au sein du groupe, ses cercles de paroles, et de libre pensée, leur a permis de se sentir en équilibre, et en plein harmonie au milieu du groupe, tous les membres du groupe ont pu être des sujets responsables et digne d'existence, l'un d'entre eux, avait encore la nostalgie de passer ses journées, dans les coins de la rue, rêvant d'un jour nouveau, il voulait encore profiter de la vie en la dépensant, dans des heures de sommeil sans limites, il était dans une étape, très délicate de remédier, avec sa propre personne ainsi que les membres du groupe, le rôle de la femme n'était pas plus important que leur rôle, elle était très présente, on dirait qu'elle ne comptait plus son temps, ses allers-retours, ont laissé l'opportunité, à ses sujets d'avoir plus de temps, pour comprendre plus, leur passage entre leur lieux passés, et leurs nouveaux espaces qui constituaient, un retour fragile, et délicat, auprès de leurs anciens cohabitants, dans le monde institutionnalisé, ils avaient du mal, à rentrer pleinement dans des lieux, qui les ont méprisé auparavant ; c'est une reconstitutions de soi, et d'identité, qui a eu des altérations brusques, et des enfoncements de leur centre de personnalité. Le voyageur méconnu, ne voulait pas brûler les étapes, il était en phase d'hésitation, et de réflexions sans réduction, il préférait rester encore auprès, de sa solitude, pour préserver, le fond de son être, il avait le droit de ne rien dire, d'être spectateur, et de ne pas participer, aux cercles de paroles, il était très à l'aise, dans son attitude, et aussi la position des membres du groupe, qui ne prêtaient pas grande importance, à ses silences ritualisées, par des préoccupations manuelles, de temps à l'autre, il prenait des notes sur place, il lançait des regards neutres, qu'il fixait, de temps à l'autre, il était bien concentré, dans sa nouvelle mission d'existence, il s'est senti très confient, et bien rassuré, dans son nouveau espace psychique, on dirait qu'il a bien définit ses limites entre lui, et les faces à faces de lui, une sorte de sérénité remplissait son être, tant d'idées surgissaient dans ses pensées, il était étonné du silence des autres à son sujet, la jeune femme ne le brusquait pas, ne le critiquait pas sur sa position, il était certain qu'il n'était pas attaqué, dans sa personne, dans son centre intérieur, il avait tous les droits d'être en silence, et d'apprécier tous les instants rares, de liberté d'esprit, et de préservation de soi, quelque chose attirait son attention, l'un des membres du groupe, avait les yeux à moitié fermés, il voyait des gouttes de larmes, coulaient de ses minuscules traits de rides, ses yeux étaient tout à fait enfoncés dans le visage de la personne, il ne voulait pas poser encore de questions à son sujet, il attendait toujours, l'inclination de cet homme, sur ses genoux, sa façons de se tourner, à peine sur ses côtés, a préoccupé constamment le voyageur méconnu, il avait du mal à rester immobile, sans se tourner dans tous les sens, il tendait attentivement son oreille vers la femme, avec une attention bien particulière, quelques chose attirait, plus son attention, ses chaussures ressemblaient, à celles des soldats au temps de guerre, ils étaient robustes comme les défenses d'éléphants, mais malgré l'étrangeté de la personne, ça ne lui a pas fait peur, il avait hâte de le connaître de proche, et lui parler peut-être et discuter avec lui, et arriver à diluer ses mœurs, et bavarder ensemble de tout et de rien, comme ils faisaient ces bavards à côté d'eux, il avait la volonté de lui parler, car c'est le seul, qui ne participait pas au cercle de parole, il sentait sa solitude muette, ses regards obscures, ses larmes involontaires, ses cheveux grisâtres, ses profondes rides qui parlaient plus que sa bouche, il expliquait tout à travers ses silences, on dirait qu'il avait assez d'interprétations, à tous les vécus de ces personnes auprès de lui, il parvenait de temps à l'autre, de ne plus regarder, et à ne plus écouter, et à ne plus bouger, à ne plus expliquer, il voulait garder son calme encore, il extrait une autre discipline, un autre regard sur les espaces, les paroles, le retour de la dignité, la manière d'être, sans chercher à être autrement, son acceptation, de son nouveau rôle, qu'il lui a assigné le groupe, malgré son refus de tout rôle à jouer, il était là, comme si, il n'avait jamais exister auparavant. Omar, comme ils l'ont nommé les membres du groupe, parlait sans cesse, il avait une excitation sans limites, il se levait, en arrivant jusque au la jeune femme, après il tournait, tout autour du voyageur méconnu, on lui tapant fortement, dans le creux de la main, pour lui expliquer son amitié, et sa gratitude, et qu'il est son préféré ami, le voyageur devrait lui adresser, des regards amicaux, sans comprendre la signification de son attitude, de toute manière, il se comporté comme si, il vient de voir le monde, il était émerveillé, étonné, intimidé, par tant de changement, qu'il a rencontré durant son voyage, il ne s'engagé pas dans ses rencontres au sein du groupe, il restait, toujours à côté, malgré sa joie, de trouver un peu de calme et de sérénité, il ne voulait pas dire, ni faire, ni aller, ni revenir, il aimait l'ambiance de ces brouhahas, sans trop s'est y mettre, On a marché encore, autour de tout le monde, il parlait sans arrêt, à chaque fois, il s'approchait de la place de la femme, tous lui crier dessus, il avait à faire, que des grimaces sans plus, en faisant des demi-tours sans plus, son pantalon glissait tout au long de ses pieds, chaque fois il essayait de courir, son maigre corps, ne supportait plus sa largeur, chaque fois il osait l'enlever, tous lui crier dessus, il avait qu'a mettre, une ceinture, qu'il lui a lancé le voyageur méconnu, son ventre gargouillait toujours, tous lui passait des sandwiches, souhaitant calmer sa faim, comme tous les membres, l'ont fixé du regard, leurs critiques, leurs menaces, il s'est sentait, désorienté, de temps à l'autre, il prenait un tissus, puis il partait à côté du voyageur méconnu ; qui était le seul, à ne pas lui montrer ses dents, ni à le repousser de son espace, il s'assieds à côté de lui, en restant étonnamment, serein et distrait, en se rappelant, de ses fils dans son sac à dos, il commençait à tricoter, avec une rapidité d'une machine à vapeur, c'est les membres du groupe, qui l'ont nommé comme ça, ils étaient tranquilles, juste quand il tricotait ses chapeaux, et parfois même il offrait ses œuvres, à certains membres du groupe, mais cette fois-ci, il était sûr de confectionner, un chapeau à son nouveau ami, qui lui à appris, comment se protéger des attaques sadiques des autres, de temps à l'autre il adressait des demandes à la femme, est-ce que je peux y aller dans ta ville natale, est-ce que je peux ramener, mon voisin du square, et ainsi de suite, il était dans un état d'énergie intarissable, heureusement, que ses tricots, lui ont rendus service, et ses créations lui ont permis, d'être parmi les membres du groupe, par ses propres talents, car sa création a facilité ses moyens de communications avec eux, son intérieur s'exprimait par tant d'expressions, et tant de formes, de figurines, de figures, et en plus de tout ça, il leur a dessiné leurs portraits, au milieu de leurs tricots, tous étaient contents, de voir leurs images, bien embellis dessus, comme ils n'avaient pas de miroir, ils étaient émerveillés, de se voir en permanent, dans leurs tricots, chaque fois il finissait ses fils, tout le monde lui ramener des nouveaux, c'était une sorte de solidarité, de la part de ses amis, tous étaient-là pour l'encourager, à chaque fois, il commençait à s'exciter, ils trouvaient une façon, de le conduire vers son activité, sans trop le provoquer, dans ses sentiments, une sorte de complicité, et de compréhension, s'est instauré entre eux, la femme était-là bien protégée par tous, elle s'intéressait à toutes les préoccupations de tous, parmi les membres du groupe, il y'avait Sophia, qui ne cessait pas, de jongler avec ses balles colorées, à chaque fois, elle tournait vers son chien de garde, à chaque fois qu'elle lui lançait la balle, le chien courait en vitesse pour la rattraper, elle était en plein forme, à chaque retour vers le groupe, elle leur a raconté ses escalades en montagne, ses longues marches parcourus, pour apaiser son excès d'angoisse, à chaque fois elle ne se sentait pas très bien, elle faisait, des aller-retours, pour réduire le stresse de son arrivée auprès du groupe, elle ne montrait pas ses émotions, elle s'est intégrée progressivement au milieu du groupe, en gardant bien ses distances avec eux de temps en temps, elle se baladait, en dehors de la ville, en compagnie de la jeune femme, elles avaient pleins de sujets à discuter ensemble, à chaque fois, elles trouvaient du temps, elles quittaient le groupe sans demander de permission à personne, Sophia était étonnée de la capacité de la jeune femme, à comprendre les difficultés de communication des membres du groupe, au sein du cercle, elle lui a expliqué que l'endroit, n'était pas très adapté, pour sa délicatesse, sa sensibilité, ses émotions débordantes, elle voulait lui montrer, que l'environnement actuel, n'était pas assez adéquat, pour qu'elle puisse s'épanouir normalement, la femme avait une connaissance globale de plusieurs disciplines, elle ne voulait pas se fermer dans une seule spécialité, qui réduirais l'authenticité du plein savoir, en effet, l'objectif premier, de tous les membres de la fondation était de comprendre convenablement la personne dans tous ses états. En fait, ces membres avaient une vision vaste, de la « personne », toutes les disciplines, qui pourraient leurs permettre, de comprendre ces personnes, ils s'engageaient rapidement, à les intégrer, dans leurs démarches, et leurs méthodes de compréhension ils ne se considéraient pas, comme des ultimes possesseurs du savoirs, ils n'avaient pas gardés, ni les méthodes confirmées des anciens, ni les concepts fermés des nouveaux spécialistes, ils avaient un regard ouvert sur les connaissances en générale, ils ne voulaient pas se fermer dans une spécialité, qui les rendraient ignorants, de « l'humain » dans sa véritable conception de soi, ils étaient prêts à apprendre, à chaque instant de ces personnes, qui savaient énormément de choses, sur le monde urbain, leur minutieuse filtre intérieure, leur invisible microscope, qu'ils utilisaient en cas de doute, et d'incompréhension pour les autres, les membres de la « fondation » avaient des connaissances, dans le domaine de l'anthropologie, de la psychologie « minutieuse » et « la psychologie dynamique » (voir la bibliographie) ces méthodes ont bien montré leur efficacité, dans le traitement des différentes convergences au sein des différents systèmes. Les motifs de la création du groupe étaient centrés autour de l'épanouissement et le développement de leurs habilités, pour qu'ils puissent s'exprimer convenablement sans obstacle, et retrouver à nouveau leur chemin de l'inspiration ainsi que l'affirmation de leur raison d'être. La psychologie minutieuse c'est une méthode anthropologique, qui nécessite une observation empirique, pendant tout un parcours pour étudier et comprendre, un terrain donné (société ; milieu, peuple, culture, croyances, groupe, soi-même etc.) comprendre les mécanismes de la pensée humaine pendant tout un vécus, exige un travail scientifique multiple, qui englobe toutes les disciplines, qui développent et augmentent les canaux de communications, que ça soient antérieures ou extérieures, (voir le Glossaire et la bibliographie pour plus de recherches). En effet, les membres du groupe, organisaient différents séminaires et pleins d'activités ludiques, qui ont facilité leur adaptation, la responsable travaillait intensément pour pouvoir dynamiser leurs structures cognitives, et stimuler leur intelligence par toutes les méthodes, pour pouvoir acquérir leur autonomie existentiel sans privation, et sans paralysie de leurs propres anticipations, elle n'était jamais d'accord pour les méthodes de dépouillement radicale de la personnalité, c'est une sorte d'effacement de soi, et d'altération sauvage pour leur propre identité personnelle et sociale etc. La femme n'était pas là, pour leur prouver ses petites miracles mais bien plus, elle était parmi eux elle n'avait pas des solutions à tous leurs maux, mais elle avait la capacité de les écouter, et d'arriver à mettre quelque mots, de temps en temps, au milieu de leurs paroles, elle avait un lien direct avec « la fondation » dans sa ville natale, la chose la plus importante, qu'elle a essayé de répéter, et d'instaurer rituellement, c'était de mettre un climat de confiance, et d'imagination. Autrement, les membres du groupe, n'avaient pas besoin, ni de chaises, ni de tables, ni de bureau, ni de rendez-vous tout était à leur portée proche ; la terre, les arbres, l'air, tout était facile, et accessible ils n'attendaient plus rien que ça de temps en temps ils y'avaient ceux qui préféraient de changer d'endroit, et chercher d'autres espaces d'existence, c'était comme une sorte de recherche continuelle, d'un lieu égaré, ils étaient en quête quotidienne ; des mouvements sans but, distinguaient leurs journées, une sorte de confirmation répétitive de leur existence, ils ne cessaient pas, d'y aller auprès des passants, pour vendre leurs productions, ces retours vers leur création se sont émergeaient plus durant la création de leur cercle, ils étaient prêts à accepter petit à petit, d'adhérer à un espace fermé, où les membres ne se connaissaient pas encore et ils n'avaient pas la volonté de rentrer dans un lieu fermé, où on coupe l'espace et le temps en partie, on limite les créations, on instaure les clichés, on cadre les pensées, on maîtrise les paroles, on réduit le repos, la femme n'avait pas imposé sa manière de gérer le temps ni l'espace c'était une sorte de construction spontanée de leur part, c'était une sorte de confirmation quotidienne, de leurs activités, et leur mode de vie et d'admission pour leur propre potentiel individuel. Sophia n'avait pas changé ses idées, en parlant avec la femme, elle avait pleins de propositions à mettre au sein du cercle, elle lui a bien expliqué, que le faite de choisir le cercle, n'était pas un hasard de sa part, mais bien plus un choix qu'elle a choisi, avant d'y arriver en ville, l'arrivée de Sophia était un grand événement, comme le lieu est réservé la plupart du temps aux masculins, ils avaient du mal à l'accepter et à l'admettre facilement au sein du cercle, Sophia est arrivée en ville, pour étudier la construction des liens, dans le monde virtuel, en fait, elle avait déjà fait des recherches, à propos de ce phénomène, pendant l'apparition des réseaux sociaux, elle avait aussi la volonté d'étudier la manière du développement des liens, au sein du cercle, elle avait une énergie enflammée elle n'arrêtait pas de questionner, tous les membres, et de se repérer constamment, dans le monde virtuel, par des nouvelles découvertes, ou par une simple joie de se retrouver auprès d'un monde, changeant, dans ses multitudes horizons Sophia ne se lassait pas dans ses recherches, malgré que les membres du groupe n'avaient pas l'envie de répondre, à ses questions, ses remarques, ses commentaires, Sophia n'avait plus le temps d'attendre, elle était dans une étape mouvementée, elle voulait tout savoir sur leur intégration, leur univers, leur façon d'accepter la souffrance apparente, elle était là à vivre en plein vie, de découvrir ce monde, qui était inconnaissable pour elle, la responsable du groupe était submergée de connaître de prêt, la situation particulière de Sophia, elle lui a fallu tout recommencer avec elle, une sorte de surprise l'a dominé, l'énergie de Sophia a chamboulé le groupe, tout était à refaire, l'espace, le temps, les matériaux de création, d'invention, d'échappement, et même pourquoi pas, les fatigues inventées, des petites maladies inattendus, Omar a cessé de faire ses tours quotidiens, il avait qu'a s'inspirer de Sophia, elle était en plein vie, elle voulait rendre tout le monde en mouvement permanent, réveiller Fred, décrire tous les paysages, les lieux, les portraits des membres, les préoccupations de son ami sans vue, elle osait tout, elle était dans une spontanéité inégalée, la jeune femme s'est sentait emportée par les émotions élevées de Sophia, et parfois même un sentiment d'insuffisance, de comprendre Sophia, ses rituelles personnelles, ainsi que ceux du groupe, ont eu énormément de désordre, ils n'avaient pas assez de temps ni d'ouverture d'esprit, pour s'adhérer, à ses retours forts de proximité, certains étaient encore dans la régression psychologique, il a fallu stimuler doucement leurs instances antérieurs, qui étaient en période de sommeil, ou, plutôt de stagnation émotionnelle profonde, la femme a expliqué à Sophia, sur la nécessité d'y aller calmement auprès de leur système de pensée, elle n'a pas cessé de lui expliquer la probabilité constante, « du retour du refoulé », sa formation pluridisciplinaire, lui a permis d'être convaincue de sa manière de faire et sa méthode de travail, elle avait la volonté de mobiliser, leur partie intacte, qui est conservée, protégée, blindée, à l'intérieur de chaque personne de ces personnes, pour les motiver et aller au-delà de leur vie mondaine, et d'admettre le retour vivant, de leur existence, Sophia n'était pas du tout d'accord avec elle, la méthode de Sophia, était claire, la nécessité de conserver, la santé de leur petit âme et la jeune femme expliquait à Sophia, l'épanouissement de ces personnes après son intervention, et la continuation perpétuelle, de leur profondes convictions et de leur mode de vie, et de continuer à respecter leur choix, et leur savoir vivre autrement, rien n'arrêtait Sophia, elle était sûre de ses manières de faire et sa volonté de changer la démarche d'intervenir auprès d'eux.

Dès que le membre « de la fondation » lui a parlé du « retour du refoulé » ça la rendait très perturbée, toute un ensemble de vie psychique, s'est présentait en face d'elle, soudainement, une idée s'est émergée dans ses réflexions, elle a pris un détour brusque, elle est partait en toute vitesse en ville, en pensant à offrir, à tous les membres du groupe, un objet qui symbolisera leur amitié, elle était sûre de son choix, elle a ramené à tous, un petit miroir, ainsi qu'à la jeune femme. Après un temps de réflexion, elle est revenue au sein du groupe, mais au lieu d'offrir ses miroirs, elle a repris la discussion avec la femme :

—tu m'as parlé du refoulé, on dirait que tu es freudienne de discipline ne me dite pas que tu es entrain de psychanalyser tes sujets, disait Sophia.

— Vraiment, tu es très sérieuse, en me rappelant toutes ces conceptions très compliquées, tu sais bien que je suis formée pour affronter toutes les situations possibles, on est là pour mettre du sens à la vie de chacun ; et en plus ils sont là car les institutions sont incapables de les insérer, ils n'ont pas les moyens adéquats, pour ces personnes en pleine création, et en plus ils sont des individualités douées d'intelligence et d'autonomie. A annoncé Emma.

— Je ne nie pas tous les concepts de la psychanalyse mais je pense aussi que chacun pourra se construire dans ses fondements. Disait Sophia.

— On peut dire cela aussi, il faudrait savoir, que « le refoulé » c'est parmi les mécanismes de défenses psychiques, qui étaient inventés par Freud, c'est un mécanisme qui permet, à la personne de garder un équilibre, quand il y'a un conflit entre les instances psychiques. En raison de ce désaccord psychique, qu'il a fallu ce refoulement, c'est un processus qui protège l'équilibre de la vie psychique de chaque personne. A déclaré Emma.

— En vrai, ce processus est utile juste pour une période puisque tu m'as parlé du retour, tu m'as rendu un peu hésitante, Sophia n'a pas arrêté de rire quand elle a affirmé à la femme, qu'elle n'arrêtera pas son cheminement, elle n'a pas cessé d'augmenter sa voix, une raison de plus pour réveiller Fred, qui était en plein sommeil.

— Prends la situation en main, rien n'est acquis, tu peux mettre toutes tes apports, je suis prête à les mobiliser au sein du groupe et à partir de maintenant,tu as qu'a creuser, dans tes connaissances et dans tes recherches, c'est encore mieux. A ajouté Emma.

Soudain, les membres du groupe se sont dirigés vers eux, Sophia s'est orientée vers le cercle, qui s'est organisé spontanément comme d'habitude, chacun avait quelque chose entre ses mains, Fred n'a pas oublié son bâton, il avait toujours besoin de s'appuyer dessus, il s'est levé avec une rapidité surprenante, malgré la lourdeur de ses chaussures,et il ouvrit difficilement ses yeux, mais apparemment, il ne s'en servait pas beaucoup de sa vue, à chaque fois que les membres du groupe discutaient ensemble Sophia avait le réflexe de tout répéter, en pensant, que Fred n'entendait pas très bien, elle était dans une obsession de rendre tout le monde de mieux en mieux, elle prêtait attention à tout les membres , à chaque fois que le silence régné, elle avait la volonté de mettre, des mots partout à côté,elle s'approchait de Hine de temps en temps , elle essayait toujours de vérifier ses réalisations créatives.

La jeune femme s'est déplacée, en fixant tout le monde du regard, et en adressant la parole tout d'abord à Sophia.

— Sophia, tes propositions sont très constructives, mais je pense qu'il faudrait laisser l'initiative aux autres pour pouvoir exprimer leurs pensées. Et en plus il y'a des choses prioritaires à concrétiser ; premièrement il faudrait absolument, passer demain matin chez le généraliste, ça fait un mois depuis que j'ai fixé ce rendez-vous, surtout, il ne faudrait pas le rater c'est important.
— Comment ça, pour qui le Docteur, moi je ne veux pas visiter le médecin. A confirmé Fred.
— Si, tu es là avec nous , et en plus tu sais bien, que tu as choisi d'être parmi le groupe, c'est par ta propre volonté, c'est ton choix, et pour confirmer ce choix, il faudrait se soigner, tu as des problèmes de santé physiques, après on s'occupera d'autres problèmes si il le faut .

Fred était obligé de tourner autour, et de manifester son désagrément, en un instant, il a cessé d'ajouter ses mots, il avait un sentiment de tout couper, dès que quelqu'un le contrarier, il arrêtait de continuer ses paroles, il s'est approché du voyageur méconnu, pour exprimer plus ses désarrois concernant les propositions de soins médicaux, dont la jeune femme lui a explicité, puisque le voyageur méconnu, ne parlait pas toujours, il fallait , que sa présence sert à quelque chose, auprès des membres du groupe, le voyageur méconnu a quitté soudainement le cercle, il s'est dirigé vers le square de la ville, avec un air inquiet, il savait bien, que son silence ne peut pas persister encore, il avait envie de tout sortir, dire tout, il a très bien entendu, la discussion des deux femmes il disait silencieusement.

— « Moi les concepts de Freud et sa doctrine, ne me sont pas très utiles en ce moment, je ne veux pas refouler encore plus la perte de mon ami Rawisse, il faudrait absolument, que je leur raconte « le traumatisme », ce drame n'est pas lié au complexe d'œdipe. Mon processus de maturité s'est très bien développé, et leur défoulement quotidien, ne me plais pas trop » : il a continué de parler, et de confirmer ses connaissances acquises, et sa confiance entière en sa véritable conscience. « Leur thérapie cure » ne me concerne pas vraiment, Je n'ai pas de problème psychique   », Le voyageur méconnu ne cessait pas d'assurer sa conscience, et de mettre plus de confiance dans sa situation spécifique, il refusait de rentrer dans leur système : de maladie, pathologie, anormalité, lacune, coincé dans une phase de vie, n'avait pas l'opportunité, de bien libérer son psychisme, et en plus de cela , il ne voulait pas être hanté dans son âme, mettre des mots qui exprimaient et extériorisaient son chagrin, ne nécessitait pas vraiment, d'être entouré pas les autres, le dialogue intérieur du voyageur méconnu, n'avait pas de limites, il restait dans sa résistance silencieuse, et son ultime conscience, de sa véritable existence, c'était son vécu , et jamais celui des autres, personne ne pourra lui enlever sa genèse première, ni altérer sa sensibilité ni détourner ses significations, même si son arrivée au sein du groupe, était un hasard, ou n'importe quel sens qu'ils pourront lui emprunter, c'était sa destination, sa route, ses rêves, et son ultime ressourcement par son admission continuelle à ses propres sentiments, ses émotions, ses souffrances, ses petites joies, et ses capacités intellectuelles qui se manifestaient rituellement, le monde autour de lui était, flou dans sa réalité, ses portraits ; tout était rectifié, inventé, c'était comme si, le monde était envolé, il avait une seule possibilité de survivre au sein de la ville , c'était la négation temporaire du monde, en jetant un coup d'œil vers ses amis, il a aperçu Hine en train de courir, et en portant tout, dans ses deux mains, ses tricots, ses fils, ses crochets, tout son matériel, il n'a rien laissé derrière lui, malgré le glissement de ses affaires, il n'a pas baissé les bras, il regardait le voyageur méconnu, avec un air inquiet, en réclamant son aide, le voyageur méconnu s'est tourné rapidement, pour savoir les pas qui arrivaient, il a aperçus Hine entrain de sauter et de courir à toute vitesse, on dirait qu'il avait peur de perdre son allure, il s'est précipité, pour ramasser les files de son ami, sans dire un mot de plus, il lui a passé ses outils, tout en se rassurant, de continuer ses pas à ses côtés.

— Pourquoi tu as quitté le cercle comme ça, tu sais bien que dans le groupe il y'a énormément de codes, et de règles à respecter, et si tu pars sans demander leur avis, tu rencontreras pleines de représailles, même s'ils parlaient de tout et de rien, et en plus ils font leurs petits savants, en se papotent tout le temps et moi quand je parle, tout le monde m'envoie leurs regards insignifiants, je n'ai assez de leurs ordres, et maintenant, j'ai assez tricoté, j'ai envie de me balader un peu en ville » il continuait encore à parler, avec le voyageur méconnu, il le regardait brièvement, souhaitant entendre sa voix et mettre une continuité à leur dialogue, mais il n'a pas réussi à mobiliser son empathie.

— Pourquoi tu ne discutes pas avec moi, parce que, tu me discrimine , car j'ai oublié mon pays, tu sais bien que, ce n'ai pas ma faute, personne ne choisit d'oublier son pays, et je sais que c'est quelque chose de très rare, mais c'est comme ça, je n'ai pas le choix, je suis bête, « congre » et tu peux me dire même, que je suis débile, je n'ai rien contre « les fous », ils ont raison de perdre la raison au lieu de perdre que leur pays, d'ailleurs, ils sont crédibles, de perdre leurs réflexions, le monde même est assez agité, alors les humains ont assez, de tout ce désordre, garder son unité, n'est pas une affaire assez facile, il faudrait absolument repousser la lourdeur du monde, et ses flottements mouvementés.

— Toi aussi tu te méprises , a ajouté le voyageur méconnu, après une heure d'attente de la part de Hine , pourquoi tu te anéantie comme ça, il faudrait être sûr que tu a eu un arrachage de tes propres habilités psychiques, pendant le tsunami qui est frappé ton pays, tu a vécu la colère de la nature, c'est un désastre qui fait peur, il faudrait que tu te calme un peu. Ce n'est pas moi qui clarifiera tes pensées, c'est toi, et toi seul au monde.

1. — Je suis soulagé, ne t'inquiète pas pour moi, je n'ai assez aussi, car tu ne parles jamais, avec les membres du groupe, ni avec moi, et tu es toujours entre tes notes, tes stylo, tes cailloux, et toutes tes collections, bien conservées, je sais que moi aussi, j'aime bien mes files, mais de temps à autre, j'ai la nostalgie d'avoir un vrai ami, comme quand j'étais petit, j'avais pleins d'amis, qui partageaient, presque les mêmes activités que moi, et ils m'appelaient toujours de mon propre prénom, eux ils connaissaient bien mon prénom, je pense qu'ils se rappelaient, encore de moi, je ne pense pas qu'ils m'ont oublié . Il était absorbé par, ses retours nostalgiques, qui ne l'ont pas laissé seul au monde, il s'apaisait lentement, il se perpétuait encore dans le passé, le voyageur méconnu s'est laissé hypnotisé, par les paroles de son nouveau ami , il a remarqué qu'il y'a quelques points communs, entre leur vécus, et ça lui a renforcé sa volonté, il a rationalisé un peu sa situation, et il l'écoutait plus qu'auparavant, c'est la première fois qu'il lui a proposé, d'y aller prendre un verre au petit café de la ville, leurs pas ont pris plus d'élan, ils marchaient sereinement, tout on continuant à s'écouter de temps à autre, ils sentaient la joie de dire, et de décrire leur passé, sans la foule du groupe. Le voyageur méconnu et son ami Hine, avaient une sorte de similitudes, dans leur résistance et leur passé , ils ne souciaient pas trop, de leur état psychique, est-ce-qu'ils sont dans la normalité ou pas, d'ailleurs leurs attaches, auprès du groupe, n'étaient pas acquis, et ils ont besoin de se

connaître, et de discuter ensemble sans bruit, le voyageur méconnu a adressé la parole, à Hine, en lui rappelant, que ses attaques envers soi-même, et ses dévalorisations ne l'amèneront pas très loin, et il devrait cesser de continuer, dans ces ravins étroits, il a fallu tant d'efforts,pour y accéder à sa compréhension et de lui permettre d'interpréter son monde psychique sans censure, il a senti que son ami avait une intarissable envie de parler,et de raconter sa survie, malgré le tsunami qui frappait le pays, il se considérait comme un miraculé, il se rappelait bien de sa chute violente, qui l'a lancé sur un résistible tronc d'arbre au milieu des géantes vagues de tsunami, il se disait qu'il était un grand mystique, et qu'il croie profondément à la primauté de Dieu, et qu'il était parmi les gens pieux, et qu'il avait fait beaucoup de bien, et ses prières lui ont permis d'avoir encore plus de vie, et de servir l'humanité, et de sauver tout les orphelins du monde, et de mettre sa vie au service des pauvres, sans oublier de retourner vers sa ville natale, et de participer à la reconstruction du pays, il était dans un état de puissance, qui a étonné le voyageur méconnu, il écoutait avec avidité le discours de Hine, son omnipotence l'a rendu comme un héros, prêt à tout sauver, une sorte d'exagération de faits, lui ont permis, de remettre ses idées en air, et de purifier son âme, qui été un peu prisonnière au sein du groupe, sa création lui a ouvert l'opportunité, de se repérer dans le nouveau groupe, il disait à son ami, quel étrange espace, il avait l'impression que tout les membres étaient là temporairement, et personne ne lui imposait de rester encore . Ils sont partis, tout en continuant à bavarder, à propos de leurs aventures qui étaient crées par leur imaginaire, qui était développé et remonté, par leurs capacités de défier l'infini, qui était ouvert autour d'eux. Pendant ce temps-là, les sages du groupe n'ont pas lassé de programmer leurs journées, il faudrait faire ceci et cela, et partager les tâches entre eux. Ils ont décidé de bouger loin de la ville, pour mieux développer leurs horizons de réflexion et de compréhension leurs liens commençaient à se maintenir et à approuver leurs utilités. Le Socrate du groupe voulait absolument mettre son ultime et incontournable opinion, avant toute décision au sujet de leur cercle, et les malentendus de position entre les deux jeunes femmes.

— Son vrai prénom est Safire, mais comme il était toujours incliné sur ses bouquins, les membres du groupe ont été amené, comme par intelligence à le nommer de cette nomination, et il était fière de ce pseudo   ; quand même personne ne refusera ce prénom. Socrate c'est grand et il le restera.

Après des hauts et des hauts, entre les membres du groupe, et leurs différentes visions de concevoir leur existence, il fallait que je m'éloigne un peu de leur monde, et de mettre une certaine distance à leur égard, tant de divergences, qui m'irrite dans leur façon d'agir et leur manque de volonté, vis-à-vis de leur continuité à être, il faudrait absolument, que je m'approche plus de leur pensée, qui est au-moins unique, et mérite d'être entendue, sans atteinte à leur dignité, et à leur ultime envie de vivre, sans l'intervention du monde en parallèle des autres , qui circulaient sans arrêt, il fallait s'adapter à leur façon de voir les choses et d'être sans vraiment se soucier d'être, ou d'accepter de trainer toute une vie dans les ruelles de la ville ; ou préférer se construire et édifier leurs œuvres individuelles, ou se perdre dans la foule, sans vraiment se connaître réellement, toutes ces pensées me rapproche plus de leur humanité, et de leur être intérieur, leur fragilité, leur force enfuie, toutes ces petites fracas du quotidien, ces malheurs qui les ont induit parfois vers l'effacement, la fuite, l'échappement, la recherche de refuge, et un autre abri, pour leur véritable existence, ils attendaient quoi dans le groupe, conquérir quoi au milieu de ces personnes, qui se contredisaient souvent parvenir à trouver leur moi, malgré le vent de la ville, les fracas des hauts et des hauts comme je dis, car je considère que leurs événements, sont toujours en haut et je ne veux pas perturber, leur découverte de soi, il fallait que j'attends, leur maturation au sein du groupe , leur acceptation de soi, tout leur changement était à contempler, avec peine et tristesse, mais eux ils étaient, dans leur montée graciée, et rectifiée grâce à leur spécifique définition d'être, malgré la fragilité du cercle, et leur perpétuel désagrément, de toute façon, leur satisfaction d'existence, n'a pas subis de changement, malgré leur sentiment d'être, qui été assez fragmenté, à travers les cycles de leurs journées, je reste attentive à toutes leurs actions, je reste même parfois égarée dans une multitudes de questions contradictoires , qui colonisent mon imagination, à chaque fois que je perds le file de leur futur, je sais qu'ils sont encore dans le hier sans oublier la boîte de ce majestueux hier, les membres du petit groupe, n'avaient rien à oublier, ils étaient dans leur ultime volonté de défier et construire profondément, leur avenir, et même plus, de tout ramasser, les bouts de leurs feuilles, la moitié de leurs créations étaient éparpillée au sol, ils étaient là à perpétuer dans leur rituel quotidien, et d'aller jusqu'au le glissement et la réalisation profonde de leur maintien psychique, et moi je n'avais pas le droit de m'approcher d'eux, plus d'une semelle, mais mon imagination refuse de se soumettre à ces murs construits, il s'est fait des ailes pour réprimer la réalité étouffante ». Il a fallu que je mette mon souffle au milieu de leur voyage.

Le retour de Saphir était fatal, il s'est émergé au sein du groupe comme un éclair humain, ses définitions radicales ont basculé l'état simple des choses, il s'est faufilé brusquement, sans attendre la réclamation de personne, c'est comme ça et pas autrement, disait à chaque fois que les autres mettaient un mot.

— Vous-savez bien qu'on est là pour une période, et le faite de pouvoir imposer les opinions de chacun, n'est pas une manière convenable, de se retrouver ensemble paisiblement. D'abord, personnellement, je ne comprends pas pourquoi vous êtes en train d'aborder les macros-sujets de l'histoire.A Interrogé Saphir

— Pourquoi ? nous avons tous le droit de dire et d'exprimer nos pensées, sans contrainte. A ajouté Fred, malgré ses anciennes attitudes, de ne pas très se mêler, apparemment son manque de vue a fragilisé, ses droits de défense, son vécu a commencé à changer de plus en plus , malgré ses yeux fermés . « Sophia était toujours-là à stimuler son intellect, et élargir ses champs de pensée, elle ne voulait pas, que Fred soit discriminé par les membres du groupe. »

— D'accord, personne ne dit le contraire, je pense que la chose la plus importante à sélectionner dans tout ce monument de la psychanalyse, c'est le fait d'extraire une ultime thèse, qui prouve et généralise l'universalité de l'inconscience, et c'est vraiment un apport, qui élimine toutes les discriminations, qui sont liées aux origines des êtres humains. A affirmé Sophia.

— D'accord, on est dans la même réflexion, pourquoi alors vous nous nous empêcher, de mettre nos mots ensemble ? A interrogé Fred, moi je ne peux pas voir tout en face de moi, et malgré ça, je continue à apprécier toutes les choses aux alentours de moi, tu sais bien que la vue, ne ramène pas toute la vérité si vraiment tu la cherche, moi d'ailleurs j'ai arrêté de la chercher.

— Mais voilà quelqu'un qui se moque , pourquoi on est dans la vie alors, c'est pour trouver quoi ?

Sophia a interrompu Fred.

— Ok on a compris, vous êtes là pour philosopher, mais moi je philosophe en marchant, vous comprenez, chacun de nous devrait se convaincre lui-même, d'ailleurs j'ai remarqué que vous êtes tous doués, et chacun de nous à ses préoccupations, qui lui permettent d'accepter ses manques, et ses doutes, d'ailleurs, psy-toi-toi-même,

Freud s'est très bien promené, dans toutes les cultures humaines, il ne faudrait pas penser, que sa doctrine est sorti du néant.

La jeune femme écoutait attentivement leur dialogue ; elle était submergée par leur authenticité, et leur spontanéité, d'interpréter les disciplines, avec un détachement personnel surprenant, mais oui, je pense que chacun de vous à ses propres activités, vous êtes vraiment dans la sublimation de vos propres lacunes, d'ailleurs les religions ont bien facilité la tâche, pour beaucoup de monde, à travers le monde, vous ne pensez pas ?

Saphir s'est mis à réfléchir.
— Tout à fait, mais vous-savez, Je pense vraiment, que la religion, est un moyen de facilité et d'intégration, comme vous avez déjà affirmé, et personnellement, je n'aime pas la facilité, ou peut-être, je préfère les deux démarches, tout d'abord, il faudrait bien cheminer notre existence avant de choisir sa démarche de réflexion, il faudrait savoir que, Freud à presque tout trouvé dans l'histoire, et il a travaillé pour développer « l'interprétation des rêves » vous n'avez qu'a faire pareil Je pense.

— Moi, personnellement, je ne comprends pas trop ses théories des rêves, et en plus, il a expliqué que tous les rêves sont sortis de l'inconscience. A ajouté Fred, vous-savez bien que ses concepts de rêve ne sont pas à ma guise.

— Sophia a continué la phrase de Fred, oui oui, Freud n'a pas tout lu, ou peut-être, il n'était pas au courant de d'autres scientifiques à travers le monde.

— La jeune femme a interrompu Sophia, oui je partage la même opinion, personnellement, je trouve que Freud n'a pas lu « l'interprétation des rêves chez Ibn Serin », d'ailleurs au sein de « la fondation », on a déjà débattait et étudiait ce livre, il développait l'idée que les rêves sont aussi des prédictions de l'avenir.

— Exactement, il y'a énormément de rêves, qui sont des visions claires sur notre avenir proche ou lointain, il y'a beaucoup de personnes, qui considèrent que les rêves, sont comme une sorte de prophétie, et chaque fois qu'on rêve ; ces rêves-là ont un espace réel, dans notre réalité et aussi notre psychisme. A confirmé Sophia.

— On peut dire ça aussi, mais de toute manière, tous les penseurs ont bien pensé leurs propres pensées, et on a qu'ajouter et critiquer leur intelligence, vous-savez ? la pensée progresse, quand elle est nourrit quotidiennement, par différents moyens de faire, et d'être, de penser, et de réfutation, pour d'autres idées qui circulaient, d'ailleurs, tout le monde, peut dire des idées étranges et continuelles, et ça montre bien l'infini, de notre appareille psychique, et cognitif, mais le plus important, c'est que ces idées ont eu l'opportunité d'être, et de posséder un espace réel dans le monde.

— Oui, j'aime bien ce grand « Infini », Je sens vraiment, une sorte de liberté infinie, quand je m'accède à sa voie lactée, c'est un grand sentiment de libération, qui est infini aussi. A philosophé Sophia.

— Tout à fait, je pense que Safire voulait arriver-là par ses vérités, il voulait absolument, atteindre la vérité, je suis désolée d'interpréter tes visions, mais je trouve que cet infini nous rassemble. N'est-ce-pas ? A interrogé la jeune femme. En fait son prénom est Emma, les membres du groupe l'appelle toujours de son prénom.

— Saphir se défendait toujours, il avait toujours des choses à ajouter, oui cet Infini, nous ramène à des divers horizons, c'est un large océan de réflexion, vous ne savez pas que dans certains endroits du monde, le faite de s'élever spirituellement est une sorte de rencontre avec cet Infini, que vous-aimez tous. De toute façon le fait de marcher comme Sophia est considérée comme une méthode d'atteindre sa liberté, notre intérieur est aussi comblé et c'est dommage, qu'il y a beaucoup de personnes, qui s'éteinte sans connaître ses ressources.

— Je vois, et je comprends très bien, que vous-êtes en train de toucher quelque chose de précieux, d'ailleurs moi-même je suis touché, vous-savez bien que malgré que mes yeux sont fermés, j'arrive à distinguer entièrement entre vos présences, vos différences, vos manières d'être et de penser le monde, la chose la plus chère a mon égard, c'est votre continuelle volonté, de faire exister le monde, par vos propres réflexions, sans oublier l'intelligence et aussi les sottises des autres, vous-êtes là, vraiment pour remonter le monde.

— Après des jours de rupture, qui m'ont éloigné de mes personnages, et tant de réflexion à leurs égards, je commence à me soucier plus, de leur quotidien, la responsabilité qui s'est augmentée tout au long de mes écrits, je découvre leurs différences, leurs divergences, leurs aléas, et l'ultime opacité réelle, qui me détache, de leur réalité, je pense au dynamisme de Sophia, et à l'obstination de Fred, et l'énorme devoir d'Emma, et la révolte raisonnable et continuelle du voyageur méconnu, et sans oublier, Omar qui a trouvé un ami, tant de fracas, qui me pousse encore, vers l'exigence, et la compréhension minutieuse de leur propre existence, Saphir aussi a besoin d'aide, car il est dans son super-savoir, il a oublié de s'éloigner un peu de ses acquis, et de mettre plus d'agilité, dans ses pensées, et ne pas confondre entre Sophia et Emma, c'est immanent à mon avis. A précisé Sophia. Fred n'acceptera pas les ordres d'Emma, il est prêt à tout, pour garder sa sérénité intérieur, il lui restait que « la grève contre la faim » il a déjà parlé de son projet, il lui restait que cette solution, pour mettre un peu de sérieux à ses oppositions au sein du groupe, il ne veut plus être traité, comme un bondit, ni comme une personne, vide de raisonnement, lui aussi a le droit de choisir ses rendez-vous et en plus, il veut absolument quitter la ville ». Il a fallu que je mette un peu de mon souffle au milieu de leur voyage.

— Comme si, c'était il y a un jour que les membres du groupe, ont pu se rencontrer en ville, leur rendez-vous est resté ancré dans leurs mémoires, tout un tout de surprise et d'étrangeté, qui ont vécus pendant leurs premières heures, malgré le fil mystérieux, qui les a assemblé ensemble, quelque chose de précieux, comme disait Sophia, il a fallu encore envisager leurs mouvements, au sein du groupe, Fred et Sophia ont décidé, d'y aller au marché de la ville, pour voir les nouveautés du mois, ils ont quitté le lieu profane, pour rejoindre un nouveau lieu profane encore, de toute façon c'était comme ça, ils n'avaient pas beaucoup d'endroits à rejoindre volontairement, par leurs propres choix, ils se sont dirigés vers des espaces ouverts, qui n'appartenaient à personnes, ils avaient une volonté de tout connaître, par leurs propres connaissances, Fred ne pouvait plus s'aventurer individuellement sans Sophia, elle était toujours à ses côtés, elle n'osait pas trop le laisser partir, dans des endroits lointains sans compagnie, depuis son accident qui a couté la perte de sa vue, elle avait une sorte de pitié, et d'humanité à son égard, mais comme Fred est d'un caractère assez solide, il n'aimait pas trop la pitié de Sophia, il préférait son amitié, tout au long de leur chemin, Sophia n'a pas cessé de décrire les événements passés en Afrique, ses études, ses amitiés, ses années de vie qui ont précédé son arrivé, Fred ne lui posait pas trop de questions, mais par contre elle, elle était dans un processus, de parole et d'énergie intarissable. Tout à coup, Fred s'est cogné contre un lampadaire au milieu du marché, Sophia s'est précipitée pour lui tendre la main, Fred s'est senti un peu vulnérable, il s'est levé brusquement, tout en remerciant Sophia de son aide, certains passagères n'ont pas lassé de leur proposer de l'aide, et d'autres étaient en plein course, vers les nouveautés du marché, Fred a proposé à Sophia de boire un café, dans le restaurent en face, il y'avait des foules qui circulaient, et d'autres qui attendaient leur tour, tout en demandant un ticket pour le café, ils se sont mis en file, avec le reste des personnes à côté, en arrivant à la fin du file, une dame a demandé à Fred de valider son code de boisson, Fred n'a pas trop compris sa logique, comme, c'est la première fois, que ça lui arrivait, qu'on lui exige un code pour sa boisson, il n'était pas prêt à comprendre tout de suite, Sophia s'est précipitée pour secourir Fred, apparemment ; il faudrait un code pour notre boisson, a ajouté Sophia, en adressant la parole à la dame du restaurent, ils attendaient encore une réponse brève de sa part, car ils n'étaient pas disponibles à écouter, plus d'explications ; la dame leur a demandé de réclamer le code auprès du patron du restaurent, ils étaient amenés à se diriger vers le monsieur au coin opaque du restaurent, en un instant, Sophia a tout expliqué, Fred a mis un mot de plus, pour simplifier la chose, le monsieur leur a indiqué, l'appareil du café en face, il a fallu y mettre le ticket, pour avoir un code, ils ont essayé la technique, et ils ont eu une tonnes de codes, ils ont inséré tout, le premier code, après le deuxième, après le troisième, et ainsi de suite, jusqu'au le vingtième code, mais rien ne marchait, apparemment, ils n'ont pas eu encore les meilleures codes, après une longue attente de leur part Fred s'est dépêché, à l'extérieur du restaurent, pour rejoindre le large du Boulevard, Sophia s'est précipitée pour le rejoindre, elle était encore étonnée de sa réaction, pourquoi vous-avez quittez brusquement l'endroit, il a fallu tester d'autres codes, Fred a respiré longuement, avec une grande maitrise de ses gestes.

— Je ne veux pas de café, Je ne veux pas d'endroit fermé, Je ne veux pas de chaise, Je ne veux pas de ce monde pré-fabriqué, Je ne veux pas boire du café, Je ne veux pas d'hydratation, Je ne veux pas, Je ne veux pas, rien et rien du tout.

— Sophia a arrêté Fred fermement, arrête de tout sortir, pourquoi vous-vous êtes emportez comme ça, c'était sûrement une erreur, on a qu'a demander d'autres codes, même si, avoir des milliers de codes, ne change rien, mais essayons au moins de nuancer la situation.

— Il n'y a rien à nuancer, vous-pensez qu'avoir deux tasses de café exige plus de deux codes, à non, c'est jamais ça, Je suis capable de juger par moi-même, Je n'ai pas besoin de ces appareils, Pouf ! on a qu'a aller boire, dans la tente de Jack « leur consciencieux et juste ami du marché » Sophia a essayé de dissiper son incompréhension et sa difficulté de changer rapidement l'endroit, c'était parmi ses rituelles, même si, elle n'aimait pas trop changer ses repères, ses cadres de journées malgré sa capacité à s'adapter et à s'accommoder à différentes situations, elle n'aimait pas réduire la valeur de ses orientations de choix, elle était sûre de ses actions spontanées, mais par empathie elle s'est dirigée vers la splendide tente de Jack et de sa femme, il y'avait un grand espace pour s'installer tranquillement, Fred appréciait toujours cet endroit, il avait qu'a commander un café, et le tour est joué, ni un code ni mille, en fait, Sophia a fait comprendre à Fred, que même Jack utilise ses codes, Fred n'a pas cessé de rire, des codes, lesquels, montrez-les moi alors ? Sophia a commencé par un grand début, pour bien introduire ces codes dans les neurones de Fred, mais son long discours a permis à Jack d'arriver.

Sophia a arrêté de tout expliquer, et leur café, était déjà posé à table, Jack voulait reprendre les nouvelles du groupe, et leurs monotones journées, il leur disaient toujours, qu'il a fallu trouver un endroit, digne de leur admirables recherches, que les circonstances de tous les jours, ne devront pas les laisser accepter la vulnérabilité de leur état, il était toujours-là à leur proposer son aide, ses réflexions, sa solidarité, et même parfois des solutions, pour leur situation, il était très soucieux de l'état de Fred, il lui a exigé de consulter un médecin à l'hôpital de la ville, et même de faire une opération si il le faut, c'était le seule sujet de désarrois entre eux, mais cette fois-ci, Fred avait l'air plus attentif aux raisonnements de Jack.

Jack était bien pris ce jour-là c'était le Mercredi, et le jour du grand marché, il lui a fallu retourner aider sa femme, à servir les arrivants. Une grande sérénité est revenue, un air frais a hissé les voiles verdâtres de la tente, par contre, Omar, n'aimait jamais venir boire du café chez Jack, car il disait toujours à Sophia que la tente avait la couleur d'un iguane, et Sophia ne pouvait pas dire plus à Omar, car, elle pensait qu'il était vraiment insensé, et insensible aux couleurs de ces espaces, après une heure passé un vent doux s'est faufilé au près du sol, le soleil n'a pas cessé de briller ce jour-là, la simplicité de Sophia a apaisé le calme de Fred, les arrivants ont commencé à remplir la tente de Jack, avec leur rituel constant de saluer le couple et de leur exprimer leur gratitude. Sophia expliquait presque tout à Fred ; les couleurs vives au fond de l'allé, toutes les tables vides, qui ont laissé pour ne pas encombrer l'espace, tout était fait pour rendre l'endroit plus reposant. Après quelques moments, le café, les a assez réveillé, au début de leur matinée, ils se sont laissés emportés, par le sujet du groupe, et le repli solitaire du voyageur méconnu, ils étaient préoccupés par ses silences, et ses profondes méditations au sein du groupe, ils étaient étonnés de sa capacité, de résumer tous leurs dires, en une phrase remplie de sagesse, et de raisonnement, et parfois de pleins d'énigmes, que Fred veut déchiffrer impatiemment, il se rappelait bien de ses critiques, vis-à-vis de pleins de projets, qui étaient accumulés, au sein de leur groupe, ils savait bien qu'à force d'entasser des plans, ils finissaient par les alléger, Sophia était sûre que le voyageur méconnu, avait du chagrin, qu'il ne pouvait pas exprimer au milieu du groupe, elle était étonnée de remarquer, que Emma se précipitait pour connaître le voyageur méconnu, malgré son entière confiance et sa conviction de son bon fond, mais elle voulait savoir, la cause de sa tristesse, elle avait des obstacles pour convaincre le voyageur méconnu, par ses discussions spontanées, elle n'arrivait pas à comprendre la distraction du voyageur méconnu, ses retours répétitifs vers la fontaine de la ville, sa fierté continuelle de ses souvenirs, ses notes, ses sacrés cailloux, son petit sac, plusieurs feuilles, qui étaient remplis d'ancre bleu, il écrivait toujours en bleu a remarqué Sophia, elle commençait à poser encore des questions à Fred, pourquoi le voyageur méconnu écrivait qu'en bleu, pourquoi il n'avait pas choisi une autre couleur, moi je préfère changer mon ancre, garder une seule couleur, ça me stresse. A affirmé Sophia, Fred était intimidé par les opinions de Sophia, il avait des réponses, mais il n'osait pas tout dire, il préférait la laisser répondre d'elle-même, il attendait ses propos, sans la contrarier on dirait qu'elle ne voulait pas vraiment de réponses closes, elle voulait peut-être mobiliser les idées de Fred, et continuer à comprendre l'état actuel du voyageur méconnu, elle était submergée par le calme, qui se dégagé de ses attitudes, malgré les soucis apparents, Sophia voulait vraiment, se lancer dans des perspectives plus développées, elle était prête à aller jusqu'au la grande bibliothèque de la ville, pour trouver des réponses à ses questions au sujet du voyageur méconnu, elle regrettait d'avoir laissée presque tous ses livres en Afrique, elle a cru retrouver des livres écrits dans sa langue maternelle, mais c'est dommage, ce n'était pas le cas, elle lui a fallu se satisfaire des feuilles et des stylos, son activité préférée, c'était ses notes rassemblaient au sein du groupe, elle avait une habilité de garder ses idées, se fermenter jusqu'au, qu'elles deviennent mûres et solides, pour continuer, elle n'aimait pas les idées coupées, morcelées, mutilées, déformées, modelées, interprétées au dialecte, et passer par la machine à stagner les idées, elle parlait, parlait, avec un air plein d'imagination, Fred lui a expliqué qu'elle n'était pas en train d'enregistrer un film, elle s'est sautée pour lui expliquer son exagération à bavarder de cette manière ; la moitié du café s'est refroidit au milieu de la tasse, Sophia s'est mise à boire lentement, tout en appréciant l'ambiance serein qui régné au milieu de la tente, des va-et-vient remplissaient les coins dispersés de l'endroit, un climat amical s'est instauré, un air apaisé s'est dégagé de tous ces visages rayonnants, Sophia a lancé un regard bref au-dessus de sa montre, Fred s'est précipité pour se lever, il avait toujours un sixième sens, comme elle lui confirmait souvent Sophia, on dirait qu'il avait, une autre vue de plus, de celle qu'il a perdait ; il était sûr de lui, car il savait que son handicap a émergé en lui d'autres capacités de raisonnement, tout au long de son parcours traversé, il avait une profonde force de comprendre, les volontés des autres, malgré son attachement continuel à ses opinions, et ses décisions par rapport à sa santé. La femme de Jack est venue saluer Sophia ; elles ont assez bavardé au sujet de l'arrivée de Sophia en ville, de ses projets, et sa façon de se soucier des membres du groupe, et de leur ultime reconstruction de soi et d'espace tout en gardant, chacun ses droits de défense, quand les opinions ne se coulaient plus, ils avaient des caractères solides, malgré leur écoute continuelle, ils avaient la capacité, de tout remettre en cause, en un laps du temps, quand quelqu'un se sentait attaqué dans sa personnalité, il était prêt à tout basculer, pour retrouver sa propre réponse, malgré leurs soucis, ils n'avaient pas besoin d'être dans des endroits fermés, pour avoir des caractères robustes, au contraire c'est même l'inverse, leur autonomie l'ont acquis tout au long, de leur cycle de vie. En sortant, de chez Jack, Sophia et Fred ont pris le chemin, pour parcourir le grand marché, après un long silence, Fred a expliqué à Sophia que ses contraintes, de trouver une réponse à l'état du voyageur méconnu, n'est pas aussi compliqué, il faudrait juste respecter sa nature, et son mode de vie, en attendant sa libération émotionnelle, et peut-être même sa constance existentielle, il est dans ses profondeurs, il n'a pas besoin de personne il a découvert peut-être la richesse de la solitude, ou peut-être l'envol de la réalité, et ses échappement, ça me donne une force terrible et j'ai même l'envie de m'envoler avec cette réalité. A ajouté Fred. Je trouve que celui qui est inventé cette nomination, est un génie ; l'innocence de Sophia, s'est un peu bougée brusquement, elle écoutait Fred avec un air réflexif, mais elle savait bien que Fred ne parlait pas tout bêtement, ni sans mesure, il réfléchissait toujours, avant de mettre un mot, Fred a même affirmé, que le voyageur méconnu, était seulement triste et il avait besoin de se reposer, par contre, la nécessité d'être pleinement, dans le quotidien n'avait pas vraiment beaucoup de sens, tu sais bien que lui-même, m'a parlé des codes, que certains personnes lui ont exigé, et en plus il n'avait jamais réussi à valider aucun code, ne me dite pas, que c'est juste un hasard, à non, je n'ai assez moi de ces hasards répétitifs, moi je suis sûr que ce n'ai pas vraiment une question de code. La philosophie de Fred continuait à s'émerger entièrement, Sophia n'était pas de ce genre, qui dicte, et instaure, et développe, les analyses pour le quotidien, elle était encore, emportée par la spontanéité de la réalité, elle expliquait à Fred, qu'en Afrique, il n y'avait pas de machine qui produisait les codes, ou peut-être elle n'avait pas assez parcourrait pour savoir plus, Fred c'est considéré comme un parrain pour Sophia, malgré qu'elle n'avait rien demander, mais Fred était l'ultime protecteur de substitution pour Sophia il était prêt à l'écouter, et à la guider, comme elle se comportait elle-même, c'est une sorte d'empathie, qui s'est concrétisée quotidiennement, leur solidarité était intouchable, chacun portait en lui, un monde de sécurité à l'autre, et c'était tout un univers, pour leur existence. Apparemment, leurs paroles ne cessaient pas facilement, Sophia disait à Fred, que « The Talking cure de Breuer » a retrouvé sa validation, quand même, Emma va être très contente de la nouvelle, Sophia s'est laissée emportée, encore une fois vers l'Afrique, elle expliquait à Fred, qu'il y'avait des phénomènes ancrés en Afrique par exemple, les personnes faisaient toujours, des cures de paroles, mais d'une maison à l'autre, elle se souvient de ces femmes, qui parlaient, en dehors des murs de leurs maisons, pour parler avec leurs voisines, qui habitaient loin, c'était leur cure quotidienne, elles avaient une culture orale très avancées, mais moi je préférais aussi les bouquins. A continué Sophia. Fred l'a rassuré qu'elle pourra, trouver pleins de livres au marché, et même dans les bibliothèques de la ville, mais elle lui a bien précisé, que dans les bibliothèques certainement, elle trouvera assez de codes, apparemment, Fred s'est bien fixé au sujet des codes, mais je pense qu'il a bien encaissé auparavant, il méritait d'extérioriser tout son refoulé et de mettre de la paix à l'intérieur de lui. Sophia a bien du chagrin pour Fred, mais elle attendait vraiment, qu'il se soigne à l'hôpital, pour retrouver en fin sa vue, elle avait des difficultés, à accepter le handicap provisoire de Fred, et en plus, elle savait qu'il était prêt à tout, pour garder sa dignité. Tant d'événements, ont eu le jour auprès des membres du groupe, leurs liens commençaient à s'élargir, et à trouver de la valeur, le cercle même n'avait pas assez d'importance, ils ont pu réduire la pression d'être ensemble, ils avaient la capacité, de se mettre en dehors du groupe, pour garder leur maintien, de temps à l'autre, ils se retrouvaient pour des discussions, et des projets à concrétiser ensembles. Fred s'est installé très loin du groupe, il avait très mal à la tête, la balade au marché, lui a mouvementé son esprit, il a même avoué qu'il a trop parlait, il ne regrettait rien, mais il ne voulait pas rendre vraiment Sophia très méfiante du monde, il savait dès le début que Sophia n'avait pas vécu le monde urbain comme lui, et elle n'était pas consciente, des obstacles au milieu de la ville, Fred sentait très fatigué ce jour-là et il s'est précipité, vers le centre d'accueil pour les personnes sans abri, Fred n'avait rien à faire que dormir profondément, sans se soucier de rien au monde, il était prêt à dormir, jusqu'au l'éternité, apparemment sa gorge qui était nouée s'est très bien dégagée, il avait qu'a dormir en paix. Tout le monde, ont retrouvé leurs lieux et leurs liens Emma a quitté la ville, pour rejoindre sa ville natale, Le voyageur méconnu et Omar, se sont dirigés vers le foyer de la ville, leur lieu d'habitat que Jack leur a trouvé dernièrement, Sophia est rentrée au lieu culturel du quartier nord de la ville, Saphir a aussi partait chez lui. Après tant d'événements, les membres du groupe, sentaient un profond soulagement, la confiance en soi s'est augmenté progressivement, la parole prisonnière a retrouvé son espace, des cadres de choix et de libération se sont installés bravement, la haute valeur de la vie a gagné son terrain, et les membres du groupe étaient prêt à développer ce genre de vie, et l'escalade vers la vie sacrée, sans altérer en aucun cas l'humanité de toute personne, vivant sur terre. « Je commence à philosopher moi-même d'ailleurs, l'état de Fred m'avait mis en colère, je n'ai pas coupé le cordon de cette humanité, qui se bafoue dans ses droits de vie, j'avais du mal à fermer les yeux, je ne cessais pas de changer d'orientation et d'espace, je commençais même à tourner le regard, et à faire même en sorte, que c'est normal, j'ai même appris à muscler, mes traits de visage, pour ne plus réagir, je voulais même, faire comprendre à moi-même que c'est banal ; c'est juste des personnes en marge, j'ai même pensé à un Boulevard, sans marge ni trottoir, où tous pourront prendre le large. Je vais laisser tout le monde dormir pacifiquement, et avoir des rêves sans cauchemar pour l'avenir ». Il a fallu que je mette mon souffle dans leur voyage.

La trame de la vie est en continuelle mouvement, pour nos personnages, c'est tout un début, qui mis en place, la hauteur de ces vies mondaines qui se montraient, et s'éclipsaient tout au long, de leurs transformations, durant leurs journées passées ensemble, Sophia est restée très perturbée, après la longue balade effectuée au marché, en compagnie de Fred, elle n'a pas cessé d'oublier leur dialogue ensemble, c'est une journée qui a dévoilé à Sophia, le psychique lointain de Fred, elle ne voulait pas juger Fred, ni nommer ses dires, ni leur donner des significations objectives, elle voulait absolument, mettre une distance urgente, à tout le discoure entendu, elle avait une empathie intelligente pour Fred car elle savait bien qu'il souffrait, et qu'il avait besoin d'exprimer sa subjectivité. Sophia n'était pas ignorante de la cruauté de son handicap, elle attendait le moment où il pourra purifier son âme, et sortir ses maux, en dehors de sa conscience, elle se rappelait bien de sa motivation de s'insérer, dans le groupe, et d'apporter son soutien, sans compromis à ces personnes-là, qui étaient en détresse existentielle, alors pourquoi cette hésitation, pourquoi elle ne veut plus, reprendre la parole de Fred, et de l'analyser avec conscience, Sophia a découvert la valeur, et la signification profonde des mots, elle s'est même laissée, y accéder en leur royaume, elle a découvert, que les paroles de Fred sont très significatives, et portaient en eux, tout un univers remplis de métaphores, et de signification, et d'une rare beauté linguistique, c'était comme un monde, que les autres ne comprenaient pas vraiment, c'était des paroles, d'un ordre esthétique de haut niveau elle ne voulait pas porter un jugement rapide, ni radicale, à propos de ses critiques envers la réalité, ni même pas ses exagérations, à propos des codes, Sophia n'en revient plus, elle était l'ultime porte-parole de Fred, elle continuait à trouver, toute une explication pour son cas, toutes ses paroles les a mises entre parenthèses, Sophia savait bien, que ce n'est pas une tâche aussi facile, elle n'était même pas la marraine scientifique de Fred, elle était au fond de ses recherches théoriques, elle n'était pas encore prête, à comprendre les théories empiriques, et à mettre un cadre de recherche limité, Sophia s'est même laissée emportée, à travers les frontières de la ville, elle s'est retrouvée en Afrique pour une comparaison brève, entre les codes sociaux, Sophia ne s'intéressait pas vraiment à ce genre d'interactions, elle n'avait même pas le temps, de valoriser la manière, de communiquer, et de s'exprimer, ni même pas, de la dévaloriser, mais apparemment le dialogue de Fred a émergé, tout un tas de souvenirs, qui ont mouvementé Sophia, elle a senti, qu'elle avait la volonté de décrypter les paroles de Fred, et de leur donner du sens, mais elle a aussi besoin de discuter avec Emma, et de lui apporter quelques paroles de Fred pour pouvoir se retrouver ensemble, et dissiper sereinement ses maux, sans provoquer ses malaises, Sophia avait remarqué que le cas de Fred n'était pas à la portée d'une science limitée, c'était plus, un défis de vie, il a fallu tout un effort pour y parvenir, et y mettre de la force dans ses perspectives. Le temps passait sans que Sophia puisse reprendre contact avec Fred, elle était tellement enthousiaste, pour chercher des réponses plus sûres, et de ne pas se laisser guider par l'intuition et le doute, elle voulait absolument conquérir une démarche sûre sans hésitation, elle attendait impatiemment, le jour où elle pourra rejoindre la bibliothèque centrale de la ville, pour pouvoir accéder à des documents, qui traitaient de prêt le cas de Fred, elle savait bien que Fred, était dans une période de souffrance passagère, elle savait que « le refoulé s'est levé », ce concept était déjà mentionné dans la psychanalyse freudienne, malgré son esprit critique, elle a observé que Fred parlait plus qu'avant, et il était dans un état de tout dire, sans conscience de l'importance de ses paroles, Sophia a compris que « le levé du refoulé » est primordial, dans la guérison de la névrose, elle était sûre que Fred avait besoin de ce relâchement, pour parvenir à éliminer, ses symptômes d'angoisse, Sophia était convaincue, que Fred s'est débarrassé de pleins, de difficultés psychiques, qu'il n'était plus en danger, il a fallu toute une démarche d'empathie, pour que Fred puisse s'exprimer, sans risquer sa santé intérieur.

Les liens entre les membres du groupe se sont limités, et leurs liens d'amitié, se sont modifiés, tout au long de leurs rencontres périodiques ; ils étaient tous déplacés provisoirement, dans des lieux sûres. Dans l'urgence des événements, Saphir a trouvé un temps optimal, pour rejoindre le groupe. Le jour J est arrivé, et les membres du groupe, se sont rencontrés près de la fontaine, ils étaient impatients, de se retrouver à nouveau, et de pouvoir laisser leur temps s'accumuler et pouvoir atteindre l'ultime conscience de leurs liens ; tous avaient le plaisir de tout dire, dès l'arrivé, Omar, a même osé faire des révérences, à tous ses amis il a salué amicalement Sophia, en lui racontant ses journées passées, en compagnie de son ami « le voyageur méconnu », il était profondément émue, il sautait encore, comme la première fois de leur rencontre, mais cette fois-ci, personne ne lui a fait des remarques, même lui, était désintéressé, et joyeux de ses démonstrations spectaculaires, Sophia n'a pas cessé de lui dire, qu'il est devenu un artiste professionnel, et qui il faudrait qu'il rejoint le théâtre en ville, son sac à dos en main, ses traits de visages exprimaient, plus de vie et de fraîcheur, Sophia s'est même avouée, qu'il a rajeuni, et qu'il est devenu moins stressé qu'auparavant. Le voyageur méconnu s'est levé la tête fièrement, on dirait qu'ils sont partis dans un pays lointain, apparemment tout s'est bien déroulé pour eux, ils ont même ramené, de tas de souvenirs à partager ; pleins de tissus, des déguisements et pleins de costumes anciens, tous étaient enchantés, par ces petits bazars et ces ajouts, qui montraient la succession des événements, qui se sont succédés, pendant leur éloignement de la ville. Leurs bavardages ont repris la route et Emma a repris la parole au milieu de ce « souk », elle les a informé de l'utilité de leur rencontre, et la nécessité d'avoir un planning précis, pour toutes leurs activités ensemble ou individuellement, le vécus du voyageur méconnu avant l'insertion en groupe s'est ancré profondément, dans la mémoire du voyageur méconnu, les souvenirs partaient et revenaient, de temps à autre son caractère dosé lui a bien servi dans les moments délicats, il a même accepté de parler en jargon qui était compris, en premier temps, que pour lui, même le sens des mots, était modifié et il a même osé approprier, un langage significatif qui symbolisait toutes ses métamorphoses en ville et ses transformations individuelles, ainsi que ses qualités psychiques, qui se sont modifiées ou plutôt resserrées jusque un autre temps, où, son mode de réflexion trouvera sa liberté, il était amené à adhérer en toute simplicité, au monde mouvementé autour de lui malgré son profond confiance de la qualité de son cheminement sans raccourci, il aimait toujours les longs chemins, les rochers, les sentiers, les hauteurs des montagnes, il voulait un jour grimper le sommet d'une montagne sans attente, c'était la seul raison valable pour ses attentes, il se rappelait de ses méditations, au sein de son village au milieu des verdures et pleins de qualité de la vie auprès de lui.

Après tant de réflexions, il avait même la capacité, de dégager de son espace toutes ses souvenirs désagréables, et parvenir à les pousser loin, de sa perception de garder un regard lointain de tout ce monde passé, sauf pouvoir oublier son ami Rawisse, il avait encore des difficultés, à perdre de vue son image, ses silences, ses égarements, et tant de liens d'amitié, qui étaient tissés entre eux ; des jeux d'enfance, des activités qui elles partageaient ensemble, tous ses retours, étaient conservés et actualisés, pour pouvoir mémoriser la mémoire de son ami, c'était impossible pour lui d'oublier une partie de ses souvenirs, il n'avait pas la volonté de construire d'autres liens, il avait même la volonté de trouver cette sérénité de la vie et la plénitude de se laisser emporter par la force et la valeur de son existence, peu importe sa situation il augmentait la splendeur de la vie, par ses réflexions individuelles, sa grande référence était son moi, ses attitudes, ses convictions, ses faiblesses, ses lacunes, ses fragilités assumées, et tant d'acceptation de ses réflexions sans recule, il voulait aussi monter son ascension existentiel et de tout mettre en petit, de tout réduire, ses idées, ses souffles, ses colères, ses mouvements intérieurs, tout écraser, éliminer, filtrer, jeter loin de son espace, excepte se plaindre, c'était l'unique chose qu'il n'autorisait pas encore, pour sa certitude de se rénover, après tant de cauchemars en ville, il voulait absolument être conscient de tout, une sorte de contrôle de soi intarissable, il s'est forcé à se mettre, sur ses points de pieds, pour pouvoir voir, son changement, une nouvelle façon de concevoir le monde, de le modifier, l'agrandir, l'élargir, et même le réduire, par ses conceptions et ses manières de tout mettre à l'endroit et de tout écraser, en un clin d'œil, il a maîtrisé son corps, il l'a même amoindrit et il l'a rendit insensible au banalité de ses quotidiens, tout était à contempler pour lui, rien n'était laissé au hasard, ses manques, ses fatigues, ses malaises, ses insignifiantes sensations de vomissement, et tant d'étrangeté de sentiments, qui lui ont permis d'organiser, ses idées, ses vécus, et ses retours vers le maintenant, il commençait à ramener tout de loin, à se détacher de Omar de Emma, de Saphir, de Sophia, et de Attique, ainsi que Fred, il était dans son self protecteur, tout au long de leurs vécus ensemble, rien à dire, rien à raconter, c'était de la colère complète ; rester muet c'était vraiment insupportable, pour le reste des membres du groupe, ne rien dire provoquait, de la psychose pour certains, à quoi tu joues en fait, tu es là à nous regarder d'en haut, a précisé Omar, pourquoi tant de silence, qu'est –ce qu'il y'a ? Tu n'as perdu le monde autour de toi, bouge, coure, crie, mais ne reste pas muet, comme ça, ça me rends vraiment inquiet, alors, si tu as des vannes à raconter, ne sois pas avare, bavarde, il n'a pas lassé de le taquiner, le déranger, le châtier, par ses mots désagréables, alors-là, le voyageur méconnu, ne supportait plus ses paroles, il partait tout de suite, sans attente, malgré son amitié, il a senti des bouillonnements émotionnelles intarissables, il a quitté tout de suite l'endroit, tu es mon ami d'accord ? mais garde ta langue lointain, ne me blesse pas, une sorte de sensibilité profonde, a traversé son être, il partait loin, pour se défouler, de toutes les idées toxiques de Omar, il avait du mal à accepter ce genre décent de traitement, il n'avait qu'à le laisser parler encore sans arrêt, et en plus Omar s'étonnait, de sa réaction, il était ébahi, d'avoir le voyageur méconnu, se fâchait, et se révoltait, contre lui, je voudrai bien que tu oublies un peu, toutes tes souffrances, un peu de bon humour comme même ; le voyageur méconnu, a doublé sa vitesse, il ne voulait pas gâcher son amitié, il préférait écraser son moi, au lieu d'écraser son ami, qui lui a permis de produire du sens, et de la valorisation de la vie, aux alentours de lui, il ne réduisait plus son amitié, c'est comme ça et pas autrement, c'était presque sa devise quotidienne, après tant de bla-bla, il a cessé de parler encore.

— Tous étaient prêt à reprendre leur chemin, laissez-nous parler tout simplement, vos théories, vos concepts, écartez-les un peu loin de nous, dégagez tout ça de nos discussions, parlons un peu de tout et de rien, dîtes-nous vos séjours passés, on est là pour simplifier nos vécus et en même temps de les complexer. A affirmé Attique.

— Alors pourquoi tant de critiques, vous avez qu'à chercher, en vos mêmes, vos propres vocations, pourquoi tant de polémiques, restez vous-même sans méprise, la vie ne mérite pas tant de réflexions, vous-avez qu'à ramener tout à sa simple valeur, rentrez encore dans le monde du visible en face de vous, mais n'oubliez pas de s'éclipser vers votre intérieur, restez comme vous l'envisager de rester, n'attendez pas beaucoup de miracles, il vous faudrait les produire par vos propres inspirations, et vous êtes absolument capables et ne restez pas à côté de la fontaine jusqu'au coucher du soleil.

— Les paroles d'Attique ont attiré le regard du voyageur méconnu, il a même osé poser une question-réponse. Pourquoi j'ai intégré le groupe alors si les réponses sont à l'intérieur de moi ?

Fred

— Tu sais bien que personne n'avait l'intention de rejoindre le groupe dès le début, on était complètement satisfait de nos propres solitudes, d'ailleurs moi je n'arrive même pas à voir ce monde visible, dont vous me parliez tous, en effet, malgré ça, je distingue très bien, entre le bon et le mauvais, tu sais bien que notre intérieur est assez comblé que dehors, alors ne vous fâchiez pas, si vous ne voyiez que le côté sombre du monde. A clarifié Fred.

Emma

— C'est tout à fait raisonnable, le faite de concevoir une ligne et de la suivre, et même considéré comme la clé du bonheur, Fred est tout à fait la preuve concret, qui montre que nos yeux nous ramène plus des impressions, et des illusions d'une réalité invisible, on a qu'a extraire nos réponses de nos propres conceptions, et nos profondes libertés intérieurs.

Omar

— Le fait de planifier nos quotidiens semble bien qu'on manque d'habilité, pour accepter la nature des choses aux alentours de nous, et en plus, le voyageur méconnu, ne lassait pas de se projeter dans l'histoire, je voudrais bien le placer auprès de ses instants de bonheurs, mais malgré ça, il continuait de courir vers le passé.

Sophia

— Ça, ça ne te regarde pas, ça concerne vraiment le voyageur méconnu, tu ne peux pas connaître ses vocations, ni ses inspirations dans la vie, alors tu es dans l'obligation de le respecter sans plus, à quoi tu joues, déjà tu ne cesses pas d'exciter tout le monde, et en plus tu commences à lui imposer tes ordres, arrête un peu de le critiquer, et regarde un peu à côté de toi, pour modifier tes tricots, respecte ton ami, alors tant de leçons tu n'as qu'à t'en servir au lieu de les prêcher aux autres.

Attique
— C'est vrai, si le voyageur méconnu, ne te respecte pas, c'est sûrement, il a reçu des manques de respect de ta part, et en plus il a une grande sensibilité de concevoir les choses, tu le respecte, si non, tu ne le croise plus, tu as qu'a le respecter comme il fait lui-même, et tant de méprise, non, il faudrait absolument, que tu t'arrêtes de le mépriser, à propos de ses propres manières de voir le monde, ne lui prête pas tes regards, ni tes visions de l'avenir, de toute façon, on est là encore, et c'est l'essentiel. Et en plus, il ne veut pas, que tu lui prédit l'avenir.

Le voyageur méconnu
— Un peu de calme, j'ai juste posé une seule question, et voilà, j'ai reçu pleins de réponses, mais je pense que dans ces brouhahas, je ne vais choisir aucune de tout ça, il faudrait vraiment que je réfléchisse seul comme d'habitude, parce que dans la vie, on ne peut pas réfléchir ensemble, nos cerveaux sont distincts et séparés les uns des autres, alors c'est pour ces raisons-là, que nos pensées n'appartient à personne, c'est même notre ultime remède face à tant de brouillards qui modifient nos conceptions des choses. Moi, d'ailleurs j'ai remarqué, que j'ai une mémoire longue très forte, je vois bien que je me rappelle de tous les souvenirs passés, et ça me renforce à être moi-même, tout le temps. À l'instar des événements quotidiens, qui passaient et progressaient dans la vie des membres du groupe, tous ont appris à se séparer de temps en temps, en souhaitant allégèrent leurs propres responsabilités, vis-à-vis de tant d'opinions véhiculés, au sein du groupe, ils étaient dans un processus, de tout comprendre, et remettre tout en cause, leur groupe, leurs lieux qui ont fréquenté, tout au long de leurs vécus, leurs projets personnels, et leurs capacités d'appréhender le monde urbain, sans être absorbé entièrement par tant de bruit, et d'accumulation de stresse aux alentours, tous n'ont pas lassé de suivre leurs activités artistiques, c'était le plus profond lien, qui les assemblait encore, dans des moments de doute et de stagnation, Emma était là, à leur proposer des pauses régulières, ils avaient acquis à penser autrement, et à

développer leurs propres pensées, au milieu de toutes les incertitudes, ils ont même pu atteindre leur espace psychiques, et le garder malgré la fragilité des circonstances et l'hostilité continuelle des habitudes, et des rituels robotique qui réduisaient, la sensibilité du monde.

Après tant de discussion ensemble, ils étaient amenés, à se diriger au square de la ville, pour voir leurs avancés personnels, tous à terre, en portant des petits tapis à la main, que les membres du groupe ont confectionné ensemble, tous s'asseyent dessus, ils avaient la possibilité de parler de leurs créations, tous étaient enthousiastes, à exprimer leurs capacités, et leur savoir-faire, ils avaient la volonté de modifier la nature des choses et d'y aller au-delà de leurs inspirations.

Tous avaient des choses à dire, Emma a adressé la parole au voyageur méconnu comme il a remarqué, qu'il a commencé à s'exprimer au sein du groupe, il a sorti tout de son sac, en un laps de temps il a rangé tous ses stylos et ils ont mis tous en ordre, il mettait ses petits cahiers sur ses genoux, de temps en temps, il regardait tout le monde d'un air hésitant, entre doute et confiance, tout son être était mouvementé, à travers son apparence, la main au-dessus de la tête, venant et revenant dans ses idées, il était sûr de sa volonté de comprendre le monde, malgré son ultime satisfaction de son être, il voulait encore partager, des instants de bonheur, avec les membres du groupe, il tournait toutes ses feuilles, en un clin d'œil il s'est arrêté sur un passage, ses amis attendaient avec impatience sa voix, ils avaient envie de le voir à nouveau exprimer ses idées, ils ne voulaient pas le revoir encore dans son imposant régression ; le voyageur méconnu n'a pas remarqué sa progression précédemment et sa facilité de simplifier les événements en face de lui.

Tous les membres, se sont mis d'accord de montrer leurs créations et de laisser un temps précis, pour les divers commentaires, et présenter leur point de vue là-dessus, Omar n'avait pas assez de patience, il voulait absolument montrer ses tricots, mais tous étaient surpris encore de ses attitudes, alors le voyageur méconnu a repris toutes ses inspirations, il a même changé d'endroit, pour lire ses notes, mais cette fois-ci, il a proposé un poème aux sein du groupe, il avait expliqué, que c'était la première fois qu'il lira à haute voix.

Avant de commencer son poème, tout le monde lui posait des questions à propos de ses écrits, ses inspirations, et ses raisons d'écrire qu'à côté de la fontaine, et pourquoi il écrivait qu'en bleu, tant de questions, sans attentes de réponse, malgré leurs efforts, et leur volonté d'écouter leur ami, ils avaient hâte de connaître les événements qui ont succédé ses créations ; le voyageur méconnu, était submergé par tant de questions. À un certain moment, il s'est senti embarrassé, il s'est même laissé, s'interroger sur ses créations, il a très bien expliqué, qu'il était doué dès son enfance, il a même ajouté, qu'on ne choisit pas, nos talents innés, et qu'ils sont nés avec nous, il faudrait juste les trouver, et les ramener à la surface de nos existences, il leur a même demandé de s'assoir et de ne rien présenter et tout le monde se sont excusés d'avoir étaient impolies, mais apparemment depuis leur installation en ville, ils étaient tous stimulés par tant d'agitation urbaine. Ils étaient tous méfiant, à un temps donné de leur parcours, ils ne lassaient pas de revoir ensemble à chaque levé du soleil, leurs créations ensembles pour se rassurer de leur crédibilité, et pouvoir encourager intelligemment tous les membres du groupe avec équité, tous étaient dans une phase de doute insupportable, ils leur a fallu tout reprendre à nouveau, pour bien continuer leur chemin, mais apparemment, tant de pression influençait la prise de décision du voyageur méconnu, il avait envie de tout jeter par terre, et de quitter l'endroit, et de laisser tomber le groupe, il ne voulait pas être dans la justification constante sa liberté était de l'or, son ultime volonté consistait à retrouver son ami, et d'en parler avec les membres du groupe et de continuer son vécus, malgré les difficultés et les obstacles, rencontrés ; il a repris son souffle à nouveau, et il a commençait à lire son poème.

Le voyageur méconnu attendait à une réaction brusque de la part de ses amis il savait bien que le choix d'un poème, était tout à fait spontané de sa part, il ne savait pas encore, l'ampleur de sa force intuitive, et sa capacité de suivre, son instinct sans hésitation, le voyageur méconnu regardait ses amis très émus, il avait du mal à se retrouver, en face d'eux avec un air méconnu, comment il a pu exprimer ses émotions profondes, malgré ses obstinations passées, comment il s'est adapté rapidement, au milieu de leur cercle, tant de questions envahissaient encore son cerveau, en un clin d'œil, il a coupé sa machine à réflexion, il était en plein satisfaction, il ne voulait pas encore gâcher ses journées en ville, de toute façon, tout surgissait spontanément, par sa propre volonté et il suivait encore sa volonté, c'était son sa nouvelle philosophie.

Par contre, Omar, n'était pas du tout d'accord, il ne voulait pas écouter le voyageur méconnu, apparemment, quelque chose de traumatisant a remonté en lui, pendant leur discussion ensemble, il n'avait même pas laissé son ami finir ses dires tranquillement, ensuite il commençait à le critiquer, à propos de certains vers de son poème. « Pourquoi tu parles de ton grand père, c'est personnel moi d'ailleurs je ne me rappelle-même pas de mon grand-père, tu es en train de me rappeler des événements que j'ai déjà oublié, alors ça c'est vraiment anormale ; tu sais bien que c'est très subjectif de parler de son grand père, ou de ses proches au milieu de ce cercle, de toute manière ça ne me regarde pas trop, tu peux dire et faire comme tu veux » A annoncé Omar.

Il a repris ses critiques autrement, de toute façon « vous-avez qu'a terminer, vos in-tellectualisations personnelles, c'est grâce à la subjectivité, qu'on est là, mais comme-même, pourquoi tu me regarde avec un air méchant, j'ai le droit de te critiquer, et d'ex-pliquer mes observations, c'est mon point de vue, tu peux l'accepter ou non, c'est ton affaire. Omar, continuait encore ses blablabla, il parlait et répondait en même temps sans repos, personne n'a ajouté un mot, tous étaient en plein réflexion, le voyageur méconnu a sentit une sorte d'agression de la part d'Omar, il ne comprenait pas, pourquoi il avait des réactions brusques, vis-à-vis de lui, de toute façon, il a cessé de faire attention à ses remarques, il l'a même laissé parler sans arrêt, en un instant ; Sophia était amenée à interrompre Omar avec fermeté. « Arrête un peu, tu as assez bavardez, maintenant tu as qu'a te taire volontairement, on tu as largement écouté, il faut nous écouter plus un peu, tous les membres du groupe avaient besoin de l'inter-vention de Sophia, elle était la seule à mettre des mots gestes, qui interprétaient con-venablement les paroles de Omar, Sophia n'a pas cessé de le comprendre, depuis leur première rencontre, son approche consistait à ne pas interpréter la surface du langage, mais d'aller au-delà des choses, pour permettre à l'autre de simplifier la situation et d'accepter la participation du voyageur méconnu, tous ont exprimé leurs gratitudes auprès du voyageur méconnu. Après tant de temps, il avait assez exprimé ses senti-ments, il voulait absolument écouter les autres.

Vu le climat tendu, Emma était obligée d'interrompre leurs discutions, et de changer tout le programme préparé ensemble, Emma s'est tourné vers Fred pour lui parler du prochain rendez-vous avec le docteur, c'était le seul sujet concret à concrétiser, Fred n'avait pas d'hésitations, il était prêt d'y aller sans retard, Emma avait déjà aménagé une journée pour les consultations dans sa ville natale.

Attique à même, leur a proposé de louer un taxi, pour éviter les bouchons sur la route. Les membres du groupe, ne comprenaient pas encore, la langue spécifique du voyageur méconnu, Fred avait des explications authentiques à son langage il est même rentré dans son monde rectifié, par tant de métaphores, qui étaient utilisées à son égard, son arrivé en ville n'était pas une chose simple à traverser, il était obligé d'inventer des signes, des codes linguistiques, qui lui ont permis, de vivre sereinement sans désagrément, il était dans une phase d'adaptation continuelle, retrouver son temps, son soi, ses lieux, ses espaces psychiques, ses apaisements, au milieu de tant de changement, toutes ses motivations, l'ont poussé vers l'invention et l'innovation, c'était assez raisonnable de sa part, sortir de ses inquiétudes, exigeaient plus d'efforts, il est rentré pleinement et volontairement, dans un cocon solide, pour former et réformer son système de réflexion malgré sa liberté, il a senti une sorte de diminution de la parole au milieu des inconnus, pendant son premier arrivé, le langage symbolique lui a ouvert les horizons de l'imaginaire et de l'élévation.

Attique s'est inspiré par le poème, il était aussi l'ultime traducteur du langage symbolique du voyageur méconnu, c'est la seule personne qui parlait encore de son enfance, il interprétait ses mots, avec une aisance, et une explication surprenante, il s'est même adoucit par tant d'explications, il a aussi ajouté que les poèmes sont comme de la musique, ils adoucissent les mœurs, et le fait de choisir son grand-père, comme le héros de son ascension personnel, c'est une sorte de reconnaissance de sa part pour son grand-père.

Les membres du groupe, ne se lassaient pas d'apprécier leur temps ensemble malgré les fracas du quotidien, ils étaient en plein compréhension entre eux le voyageur méconnu commençait à prendre quelques distances, vis-à-vis de Omar il a compris à travers leurs dialogues passés, qu'il n'était pas son âme sœur, qu'il lui a fallu encore, parcourir les sentiers de ses réflexions, pour atteindre les sphères psychiques d'Omar, même si ce n'était pas parmi ses priorités, il était là dans l'espoir de tracer son chemin, sans se perdre dans les vastes forêts à la sortie de la ville, ses idées même commençaient à s'organiser, et à mettre du sens dans tout le temps passé, il a découvert la banalité d'apprécier ses journées passées, en compagnie de ses amis, la chose la plus importante était sa capacité à ne plus sentir le temps passé, l'angoisse du temps s'est même effacé, il ne soucié plus des mois qui écoulaient abondamment, il était absorbé par tous les moments mondaines qu'ils vivaient en solitude, ou en assistant aux cercles du groupe, sa seule inquiétude était l'éventualité de perdre son existence au sein du cercle, mais pourquoi encore il réfléchissait à des possibilités, qui n'existaient pas encore, oui bien sûr son insertion au sein du cercle, s'est fait tout bêtement, et c'était comme un merveilleux hasard, alors si il savait que c'était juste un hasard, pourquoi il s'est aventuré là-dedans, pourquoi il n'avait pas refusé, d'entrer au milieu du groupe, tant de questions qu'il posaient encore, il rentrait brusquement dans l'ancien monologue, mais cette-fois-ci, il était en plein critique vis-à-vis de ses propres décisions, il avait qu'a rester en dehors du cercle, sans plus ni moins, il était amené à trouver un endroit digne, après avoir perdu son ami, il sentait quelque pincements intérieurs, après avoir entendu les critiques offensives d'Omar, heureusement que le reste du groupe l'ont bien soutenu il a même acquis le droit de se critiquer lui-même ; son livre à la main, c'était son grand compagnon de route, c'était son rare ami qu'il ne pourrait jamais quitter, pendant et après l'absence des autres son existence auprès des membres du groupe s'est changé, il s'est même fondé, une large opinion à l'encontre de celle de ses amis, il commençait à rationaliser ses relations avec eux à se détacher de tous les liens, qui pourraient le conduire à des angoisses futures, il était dans une étape de construire un cocon protecteur, tellement qu'il ne voulait pas gâcher ses liens, il était obligé d'éviter toute amitié, qui pourrait être importante pour son ultime souhait, de préserver l'apaisement de ses amitiés, le voyageur méconnu, avait hâte d'écouter les participations des autres, mais apparemment les membres du groupe ont modifié le programme, il était convaincu de l'importance du soin de Fred, il avait du mal à comprendre le refus constant de Fred pour les soins médicaux, ses obstinations ressemblaient bien, à les siens au milieu de la ville, il se rappelait de ses envies de fermer constamment ses yeux, et de ne rien voir au monde, il cherchait continuellement, un apaisement intérieur sans rentrer en contact, avec quiconque, c'était une grande attitude de sa part, ça lui a permis d'acquérir une grande autonomie réflexive, avant de s'intégrer au groupe, il avait la possibilité, de tout quitter, le temps, l'espace, le ciel la terre et tous les paysages à côté, ou lointain, il avait tout laissé derrière l'horizon, il était capable de tout abandonner, en un instant, des forces ancrées en son âme, lui ont permis, de rester encore sain et sauf, il demandait encore, la raison de son intérêt aux opinions des autres, son cœur ne cessait pas d'absorber, des vrais étincelles qui se présentaient à l'intérieur de lui, il a retrouvé sa confiance et son attachement au monde plus jamais personne ne pourra lui confisquer ce sentiment, malgré les méprises d'Omar, et ses critiques répétitives envers lui, mais de toute façon, il ne faisait plus attention à ses remarques, il a profondément compris, que Omar, souffrait encore plus que lui, alors il avait qu'a fermer ses oreilles, ses yeux, et tous ses sens, la maîtrise de soi était son nouveau défis, il n'attendait plus les reconnaissances des autres, pourquoi il devrait exiger, aux autres des reconnaissances, il n'aimait plus rester dans un processus de devoir et de droits, un peu de relâchement, de toutes les pressions qu'il a vécu en ville.

Vraiment, il n'avait plus la volonté, de rester dans un cercle vicieux, qui réduisait la liberté de ses amis, ainsi que sa liberté. C'était une manière d'abandonner tous ses droits, il ne voulait plus s'attacher aux magmas terrestres, c'est-à-dire, des droits qui n'avait jamais eu, c'était une sorte de déception, et de libération de toutes les illusions du monde, tant de doute l'ont rendu insensible, au bruit de tonnerre, qui s'est éclaté soudainement ; tous se sont dirigés en courant, vers la maison d'Attique, les réflexions du voyageur méconnu, se sont arrêtaient en même temps, que les bruits sordides de la nature, à chaque fois, que la nature parlait, tous ses amis voyaient en lui des étincelles, qui traversaient tout son visage, la nature modifiait complètement son état, il s'est transformé radicalement, il devint plus attentif, aux motivations de ses amis, il devint le premier, à se lancer dans une mission d'aide, et d'altruisme sans relâche, il lui a fallu toujours des puissances, de la nature pour pouvoir, chambouler son être, rien d'autre que la nature, c'est pour ces raisons-là, qu'il n'a pas pu oublier son ami Rawisse, qui était toujours, en plein envole, il était son côté débordante, son facteur énergétique, son ultime raison d'être, c'est un attachement fusionnel, qui est engendré des joies, et des souffrances, qu'il n'avait jamais eu dans son village, l'existence de son ami, à ses côtés le rassuré toujours, il ne se plaignait jamais, leur amitié comblait largement, leurs lacunes, leurs manques, et les imperfections de chacun d'entre eux. Son insertion au groupe, n'avait pas de résultats apparents, mais le temps a eu le pouvoir, de remplacer son amitié, par son amour à la nature, qui grogne, fonce et lance ses irrésistibles pouvoirs, alors il avait qu'à s'identifier à cet univers, qui fascinait par milles façon, et laisser son ami se reposer en paix.

Son vécu en ville, lui ont permis de se rappelait des objets inoubliables, qui étaient dans la sphère familiale, il n'a jamais pu oublier la grande moto, que son frère lui prêtait pour faire des tournées, derrière les gigantesques montagnes de son village, à chaque fois qu'il voyait une moto en ville, il avait une grande volonté d'avoir une, c'est un tas de souvenirs qui se sont émergeaient en son intérieur ; c'est un inconscience puissant, et aussi méprisant, puissant car le lieu peut être changé, dérobé, éloigné, confisqué, mais personne n'avait la force de détourner sa conscience, il était l'ultime connaisseur de lui-même, et personne d'autre que lui de son état psychique, il avait la spontanéité de banaliser les multiples scènes, qui étaient présentés en face de lui, c'est un inconscient méprisant, car le voyageur méconnu se méprisait, avant de pouvoir décrypter, ses retours vers le passé, il construisait lui-même un type de système de pensée ; qui était, réformateur, innovateur, renouvelé, maniable, et mobile.

En effet, la pause chez Attique leur a permis de voir les choses différemment Omar, s'est rapidement, familiarisé, au sein de la maison, dés son arrivé il s'est permettait, de faire le tour par tout, et de rentrer dans toutes les pièces, et de se balader comme un petit enfant, il n'attendait plus la permission d'Attique il s'est sentit déjà chez lui, il a même osé rentrer sa chambre, il a observé la petite boîte à musique, il murmurait pleins de mots tout seul, pourquoi il a encore cette boîte à musique, il est assez grand pour ces minutieuses choses, il devrait avoir des grandes choses, comme des tableaux anciens, qui puissent le rendre plus intéressant, il a même regardé ses livres miniatures, il est resté étonné, d'avoir un petit monde fascinant, devant ses yeux, de minuscules souvenirs d'avant, de minuscules stylos en différentes couleurs, tout était réduit en petit, des brousses à dent de toutes les formes, des monuments célèbres, tout était transformés en micro-monde. Soudainement, Omar, a entendu des pas à ses côtés, il a entendu brusquement, une voix mélodieuse qui répétait :

— Tiens, tiens, qui ose arriver jusque au ici, c'est toi, mais on dirait que t'avait besoin de découverte, il a fallu vraiment, qu'on organise une journée, pour aller visiter un musé, pourquoi pas, tu t'amuses bien à contempler mes objets tu peux explorer mon espace privé, mais mon espace psychique, tu n'auras jamais le droit. A confirmé Attique.
— Non ce n'ai pas ça, en fait, je me disait que qui il y'a beaucoup de petites choses, t'avait intérêt à augmenter un peu tes choix.
— Alors ça, ça ne vous regarde pas, je peux choisir comme je veux mes affaires et ce n'est pas votre choix, tu sais bien, que choisir, ce n'est pas faire plaisir aux autres, c'est faire plaisir à soi-même, alors ça change tout.
— Ok, c'est beau tout ça, en fait, c'est juste mon opinion, ne t'en fait pas trop.
— Oui, j'ai compris, viens on va s'installer à table, le repas est prêt.
— En un instant, le téléphone d'Emma sonnait lentement, tout le monde voulait savoir qui c'était, Emma répondait avec un air mécontente.

— D'accord, ok je vais être à l'heure, entendu, comme je viens d'expliquer, ne vous fâchiez pas, je fais juste mon travail, je vais y arriver. Tous étaient impatient de savoir à temps les nouvelles d'Emma. Emma a coupé le téléphone, son allure était complètement tendue, ses amis étaient inquiets pour son état, elle était un peu essoufflée, non, ne vous inquiétez pas, c'est juste des petits soucis au travail, mes collègues pensent que, je suis très engagée auprès de vous. Et en plus, depuis que je suis avec vous au sein du groupe, je ne fait rien d'autre que être parmi vous ; moi d'ailleurs je préfère consacrer, tout mon temps libre à ce groupe, je ne voie pas d'autres activités, qui pourront être intéressante, alors leur discipline, ça ne me réjouit pas beaucoup.

— Mais, voilà, voilà la logique, vous savez bien, que votre travail, est important pour vous, c'est vrai, que vous-êtes la plupart du temps avec le groupe, et en plus vous rajoutez souvent des horaires ; moi personnellement, je rentre souvent chez moi, avant ton départ et en plus, vous habitez plus loin que moi. A déclaré Attique.

— Non, je fais pleins de choses d'autres, je comprends leurs critiques, c'est vraiment trop, j'ai un grand projet entre mes mains, et eux il le banalise pareillement c'est mauvais, c'est tout, c'est vraiment mauvais. A confirmé Emma.

— Il faudrait alléger les horaires auprès de nous, d'ailleurs, nous sommes tous occupés et on a pleins de préoccupations, en dehors du groupe, notre projet pourra se concrétiser sans être obliger d'être ensemble tout le temps. A rappelé le voyageur méconnu.

— Tout à fait, on peut se débrouiller tranquillement, sans votre plein présence, moi je suis la plupart du temps à la bibliothèque, je continue mes recherches sur les liens d'amitié, dans les réseaux sociaux, j'ai trouvé énormément de livres qui abordent ce sujet, et je suis comblée de découvrir, l'importance de ces liens à propos du développement personnel de ses utilisateurs, ainsi que l'importance de ces liens, dans l'instauration de la paix dans le monde, sans oublier leur grand importance, dans le rapprochement entre les peuples, ainsi que leur immanent rôle dans l'hétérogénéité des démocratie à travers le monde, il a fallu l'arrivé des réseaux sociaux, pour pouvoir réduire la crise mondiale, à propos de la rencontre, entre les différentes cultures à travers le monde. Voilà, on est tous occupés dans nos recherches et ça montre bien l'importance de nos investissements individuels dans ce groupe. A annoncé Sophia.

Fred, partageait le même avis de Sophia, il trouvait qu'Emma devrait se concentrer sur l'endroit idéal, pour mettre en place leur projet scientifique, et en plus, cette tâche exigeait énormément de temps. A ajouté Fred.

— Ok, vous-avez qu'à me dire, et à m'expliquer, que vous ne voulez plus, que j'apporte mon soutien au développement de ce groupe, c'est facile de se construire chacun à son côté, mais on a pas terminé nos projets ensemble. A affirmé Emma.

— C'est très bien dit, on a énormément de choses à construire ensemble, déjà le projet qu'on avait commencé mérite une étude précise. A déclaré le voyageur méconnu.

Sophia a regardé le voyageur méconnu étonnement, elle a remarqué qu'il était en plein discussion, il participait avec un air détendu, elle savait bien que leurs journées passées en ville, ont pu modifié son humour et en plus ses livres à la mains ont eu le pouvoir de combler les fragilités, de ses états psychiques.

Emma ne cessait pas d'interpréter les paroles du voyageur méconnu, elle était toujours amenée à se taire, pour comprendre les dires, des membres du groupe. Ses études concernant « The Talking cure » continuaient encore à lui permettre de suivre encore son chemin, elle avait toujours l'habilité, de revenir vers le commencement, pour bien clarifier ses idées.

Après un agréable temps, qui ont passé ensemble, les membres du groupe se sont dispersés, pour rejoindre leur liberté. Sophia, a conduit Emma, jusque la gare, pour qu'elle puisse rentrer chez elle. Emma, était stupéfaite du progrès remarquables du voyageur méconnu, elle commençait même à expliquer à Sophia, la multiplicité des connaissances, du voyageur méconnu, elle était sûre qu'il était dans un domaine scientifique auparavant avant de le connaitre au sein du groupe, ses capacités à comprendre les membres du groupe, est un avancé important, pour chacun de nous. A affirmé Emma.

— Tu te souviens Sophia, quand Omar, commençait à pleurer pour qu'en puisse s'intéresser à son cas, oui son cas, mais vraiment je sais bien maintenant que ce n'était pas vrai. A annoncé Emma.

— Arrête, de te rappeler de ses larmes et en plus, toi tu étais dans la phase de mettre en application, la théorie « The Talking cure » tu voulais bien savoir est-ce que Omar souffrait en vraie, à non, je ne pense pas qu'il souffrait véritablement, toi tu voulais bien sauver le monde, et décrypter son cas. A affirmé Sophia.

— Je suis sûre, que Omar, avait une mauvaise compréhension, de tes interventions, vis-à-vis de son cas, alors, même si c'est ton travail, tu devrais te méfier de ses ruses ;

c'est même Fred, qui m'avait très bien expliqué, les mesures à prendre, vis-à-vis de Omar, et je pense que Fred analyse très bien son cas.

— Tu te rappelles, quand il était très méfiant, de mon travail à la bibliothèque, et en plus, il avertissait les membres du groupe, de mon application, et de mon travail acharné, et ils les conseillaient d'être attentifs, vis-à-vis de Sophia, parce qu'elle travaillait beaucoup son projet, il avait même le courage négatif, de dire attention ! Sophia un jour réussira plus que ça ! oui, c'est une mauvaise intention, que je devrais éliminer de mon esprit à tout jamais.

— Voilà, c'est une sorte de vanité, car Omar depuis qu'il a trouvé un travail au sein de la bibliothèque, il s'est étonnamment changé, il parlait toujours de ses exploits, et en plus il se considère comme un grand bosse, mais moi je pense que c'est non, car Omar bossait juste à moitié de la journée, et l'autre moitié était consacrée à chercher, des représailles au sein du groupe, il était tellement vaniteux, que les membres du groupe, ont très bien choisi un thème totalement pertinent dans toutes ses formes ; ils étaient dans l'urgence de montrer à Omar, que ses plans et ses méthodes de faire, conduisaient naturellement à modifier les objectifs des membres du groupe, et le sens de la dignité humaine. Leur thème était : « le rôle de l'effort dans la reconstruction du monde ». A ajouté Sophia.

— Il ne faut pas oublier, qu'il est dans une période de soin, et le fait qu'il soit entendu par nous, implique notre entière responsabilité, il ne faut pas, oublier les inconvénients, de la méthode « The Talking cure » il y'a maintes fois vrai que parmi les membres du groupe, il y en a qui se sont désorientés par cette démarche, j'ai remarqué que Fred, est très concentré sur tes paroles, et de tes interventions, c'est une sorte de transfert, par exemple ; Fred pourra déplacer ses sentiments vers un membre de sa famille, vis-à-vis de vous, et en plus, il te considère comme son amie, c'est une affection qui s'est installé pendant la phase du thérapie, Fred trouve que tu ressembles à l'un des membres de sa famille et d'ailleurs même Omar, a commencé à s'attacher à la séance de nos cercles.

— Ok, je souhaiterais, qu'on finira après notre discussion, je pense que Fred, tu 'as énormément appris de connaissances, il t'a appris différents savoirs, et en plus, je me souviens qu'une fois, Fred m'a bien expliqué, qu'il a écouté pleins de reportages, à propos du développement personnel, il ne faudrait pas se précipiter pour étudier des cas réels, même si, tu es formée auprès de la, « La fondation Internationale des Esprit libres ». A déclarer Emma.

— Tu sais bien que Fred, est un incroyable encyclopédie social, il a une solide et une grande capacité à comprendre la réalité, je sais qu'il ne voit pas très bien mais il connaissait énormément de choses, avant son handicap, alors ses remarques et ses critiques, concernant l'attitude de Omar, sont très importantes, et en plus, son étude spécifique du terrain, par son propre vécus, est vraiment objectif malgré mes critiques vis-à-vis de ses démarches réflexives, mais je trouve qu'il est réel, loin de toutes les opinions trompeuses. A ajouté Sophia.

— D'accord Sophia, mais, je te conseille, de ne pas mettre toute ta volonté, dans le cas de Fred, parce que son grand problème, est sa perte progressive de sa vue, quand il sera soigné, je pense qu'il sera entièrement, dévoué dans le groupe, alors il ne faut pas consacrer toute ton intelligence, au caractère de Fred.

— Merci Sophia pour ton accompagnement, et à très bientôt, fait attention à toi. A déclaré Emma.

Emma appréciait toujours les paysages tout au long de la route, ses idées commençaient à s'élargir intensément, les liens qu'elle a construit pendant ses interventions auprès du groupe lui ont ouvert d'autres champs de perspectifs, elle était prête à objectiver son travail, et à mettre ses apports personnels, sans attendre les consignes quotidiennes de ses collègues, son projet était claire, il consistait à développer les capacités, de chacun des membres du groupe, sans être influencée par le milieu du travail, elle était prête à s'engager à temps plein, pour qu'elle puisse arriver à un résultat optimal.

Au fil du temps, Emma mettait de l'ardeur dans ses interventions, il n'avait pas la volonté de changer de groupe à chaque levé du soleil, elle avait la force de tout recommencer, au sein du même groupe, elle était satisfaite largement de son travail, elle ne voulait absolument, pas quitter le groupe brusquement, elle l'avait construit ce groupe, elle avait la haute volonté, de l'amener vers le large, en plein épanouissement, chacun aura la chance, de retrouver sa libération, la vitesse du train, l'a énormément apaisée, elle n'avait jamais pensée à déménager de sa ville natale, malgré les trajets quotidiens, elle aimait trop se déplacer, c'était une sorte de liberté, qu'elle aimait conserver pour toujours. Tout se présenter devant elle, en contemplant les vastes champs, à travers la vitre, tout était splendide des chevaux qui ne cessaient pas, de brouter l'herbe, qui couvrait toutes les surfaces en face d'elle, des foules d'oiseaux qui survolaient au-dessus, de la brume flottant au-dessus de la merveilleuse mer, qui fascinait les voyageurs du monde entier, c'est une ville touristique d'une grande authenticité.

Emma était fascinée par la diversité des espèces, elle avait la curiosité, de tout comprendre, les différentes variantes de vaches, à chaque fois que, les régions changeaient, à chaque dix kilomètre, il y'avait une multitude de genre, de ces créatures, des marrons, des beiges, des noires, des bariolées, et même des vaches qui étaient tachetés, en toutes les couleurs, tant de couleurs, qui étaient en plein harmonie avec la nature, Emma ne cessait pas, de contempler toutes ces merveilles de la nature, le fait de décider d'abandonner tous ces paysages, n'était pas encore envisageable, elle profitait à fond de ces petites miracles, qui donnaient du sens à sa vie, en plus des activités du groupe et leurs exigences, Emma n'arrivait pas à fermer ses yeux elle était submergée par la beauté de la nature, il suffit d'un rien pour que Emma parvient à effacer, tous les soucis au sein du travail, et tous les coups de téléphones, qu'elles recevaient quotidiennement, elle n'avait jamais oublié l'appel téléphonique qu'elle a reçu le mois dernier, et bien sûr le motif de l'appel était insignifiant, pourquoi elle devrait y aller au musée de dinosaures sans demander la permission de « la fondation ».

Emma n'avait pas le droit d'assister aux activités extra-travail, elle était obligée de faire le minimum de travail, au sein du groupe et rentrer rapidement au siège de « la fondation » pour compléter les travaux administratifs, mais ce genre de tâche n'était pas inclus dans son contrat, pourquoi elle devrait ajouter un travail, qui n'est pas le sien, Emma analysait tous les événements auprès de « la fondation », elle lui a fallu réduire tout son état conscient, rien n'est important pour elle à l'instant, que se reposer jusqu'à l'arrivée du train. Emma, s'est réveillée par la voix du contrôleur, elle s'est réveillée brusquement, le stylo à la bouche et un sac de marin à la main, le contrôleur a demandé à Emma le ticket de train, tout à coup, elle vérifia dans son sac, puis ses poches, elle était un petit peu affolée, rapidement elle s'est levée, pour voir au-dessus des sièges, au milieu de ses livres, dans la poubelle à côté d'elle, le contrôleur n'a pas changé d'endroit, il est resté immobile, souhaitant rapidement, valider le ticket d'Emma, mais apparemment, Emma s'est fait piquer le ticket, elle cherchait partout, elle n'a rien trouvé, elle était sûre qu'il l'avait posé au-dessus, de la petite table, alors, Il s'est passé quelque chose d'incompréhensible, pendant son sommeil tout simplement, quelqu'un a dérobé le ticket de train. Le contrôleur ne voulait pas comprendre, il a fait signe à Emma de retour, il est parti vérifier les tickets des autres passagers à côté, il est resté un quart d'heure, à attendre les vérifications, mais étrangement, personne n'a trouvé son ticket, ils étaient tous, dans la même situation qu'Emma, le contrôleur, a failli perdre le contrôle de soi, il expliquait à voix haute qu'il n'était pas passé, pour perdre son temps, qu'il avait d'autre travail à faire, il avait refait la même chose, il est parti vérifier les tickets des autres passagers, il a attendu un moment sans résultats quelque chose de bizarre, s'est déroulait à l'intérieur du train, le contrôleur était conscient que tous les passagers étaient endormis, quand il est passé, il était sûr que quelque chose d'anormal s'est passé durant le sommeil des passagers, il s'est mis en colère, mais personne n'avait la moindre explication, à ces étranges événements, presque tous les tickets, des passagers ce jour-là, étaient introuvables, c'est vraiment curieux, il faudrait informer les responsables du train, le contrôleur s'est mis à courir, le long de l'allé du train, il est rentré dans tous les cabinets, vérifiant à droite et à gauche, aller jusque-au front du train, il avait la peur au ventre d'être le responsable de ce désordre. Quelle situation ! il vient de faire son service de contrôle et maintenant, il a peur d'être contrôlé, il avait une grande difficulté, à se décharger de ses émotions négatifs, mais voilà, un peu de confiance en soi ; a insisté le contrôleur. Les passagers n'ont pas bougé de leurs sièges, une discipline phénoménale a régné dans le train, tous étaient dans la même situation.

Une sorte de calme a submergé soudainement, ils avaient peur que la situation ne changera pas, il faudrait absolument garder son calme, et vérifier par tous les moyens qui sont mis en place, le conducteur est resté en contact avec Le Centre Principal des trains. Il n'avait pas reçu d'indications, pour continuer ou interrompre le voyage, d'ailleurs le conducteur a complètement banalisé la situation ; il disait que dès l'arrivé il vérifiera ce problème, alors il ne faudrait pas paniquer pareillement ; à l'arrivé du contrôleur en plein course, les réflexions du conducteur ont cessé soudainement de circuler. « Pourquoi je dois m'arrêter au milieu de la route, ce n'est pas assez grave de perdre les billets, peut-être ils n'ont pas bien cherché, de toute façon ce contrôleur, il fait tout de travers, il est devenu insupportable, il est en perpétuel panique, si vraiment, il continuait ses affolements comme ça, je vais lui passer mon siège, pour qu'il puisse changer son métier, il n'aime pas du tout son métier apparemment, alors ses dérangements, je n'ai assez, il est très angoissé, et moi ça je n'aime pas », disait le conducteur. Apparemment le conducteur est incapable d'arrêter le train, et de vérifier le problème, d'ailleurs il a raison ; arrêter un train pour un simple problème de billets, est une sorte de délire obsessionnelle, d'un ordre psychotique sans guérison, il avait qu'à vérifier les caméras de surveillances, pour voir comment ça fait, que tous les passagers ont pu perdre leurs billets. Après la visualisation des images rien n'est prouvé ; toutes les images étaient entièrement vides, rien à signaler, la caméra de surveillance était en panne, il a fallu tout de suite vérifier le problème, le contrôleur était épuisé, il lui a fallu vérifier aussi les fils électriques de l'appareil, mais rien à constater, tout est normale, rien d'assez grave. Une réflexion intuitive a conduit Emma vers le premier wagon du train, on contemplant les endroits à côté, elle a remarqué un ours en peluche, posé en face du caméra de surveillance, elle était amenée à appeler le conducteur, pour lui mentionner le fait, l'installation principale de la caméra était juste à côté de son siège. En un geste bref, il a débarrassé ce petit ours de sa place, à ce moment-là, il a très bien compris la raison du dysfonctionnement de la caméra. De toute façon, ils ne pourront jamais savoir, qui est le responsable de la perte des billets de train.

Les passagers étaient soulagés d'arriver à la gare, le contrôleur leur a expliqué, qu'il faudrait régler le problème, auprès de la compagnie des trains en ville. Emma, était la première à descendre du train, elle avait hâte de rentrer chez elle, après ce désagrément, d'ailleurs elle n'avait pas le sentiment, d'avoir perdue son temps, elle était sûre, que Fred et les autres membres du groupe sauront enchantés, d'entendre des trajets, qui se terminent à merveille. Emma n'avait pas beaucoup de bagages, un sac à dos, et quelques livres à la main, elle a pris sa voiture, pour atteindre sa maisonnette au milieu de la ville.

Sophia, ce jour-là était très perturbée, c'est la première fois qu'elle a parlé avec Emma, des événements négatifs, depuis son arrivée de L'Afrique, durant tout son parcours, qu'elle a acquis au milieu des membres du groupe, elle était dans une phase, de curiosité sans critique, tout était à assimiler, sans la moindre hésitation, elle analysait tout à la première vue, tout était, compréhensible, abordable, et envisageable, rien ne la perturbait, dans tous les terrains traversés, elle était en plein apprentissage, elle avait une curiosité assez robuste, pour accepter, toutes les contradictions, Sophia était dans une période, de revoir toutes les théories véhiculées, à travers les différentes pensées, qui étaient accumulées le long du temps ; ses années universitaires en Afrique, lui ont permis d'être au courant, des méthodes, et des nouveau champs de recherches, qui étaient élaborés à titre individuel, où social, Sophia avait une attitude claire, tout à mettre ensemble, et rien à rejeter, toutes les nouvelles conceptions antérieures, qui explorent, et extériorisent les capacités, psychiques et cognitives de ses sujets, était prête à les comprendre avec une ardeur sans recul, Sophia ne cessait pas d'appréhender, le monde social, avec une méthode rapide, et intense, sans doute, tout était compris pour elle, elle lui a fallu garder tout ce monde, qui l'a ramené d'ailleurs, et le conserver bien au chaud, rien n'était extériorisé à présent, tout était détaillé pour elle sans plus, ses vécus précédents, dans des terrains naturels, lui ont permis, de comparer entre diverses situations, ses traitements de donnés étaient clarifiés, et ses critiques ont bien commencé à s'élargir, pour une simple raison, qu'elle ne trouvait plus, l'authenticité du monde, ni sa liberté, ni son souffle naturel, Sophia était dans ses naturelles recherches, qui parlaient d'eux-mêmes, ils sont sans paroles, Sophia était-là, dans son authenticité, et elle continuait à avoir le même ampleur de soi, les jours passaient en ville ; entre la bibliothèque et le petit groupe qui s'agitait parfois, et beaucoup de fois il était dans son muet existence, elle s'éclipsait pour retrouver, ses propres existences, rien ne pourra modifier ses apports et ses rapports au monde.

— L'heure est arrivée pour l'arracher, de la surdité des arbres, de l'aveuglement des murs et l'effacement des rochers, tout était sans parole, sans visage, sans onde apparente, tout était jeté quelques aux parts à côté, elle cherchait l'angle volé au milieu du pleine lune, l'angle qu'elle a entendu parler un jour le sage du village, elle cherchait le petit brique, le coin du pilier, le bout du tissus, l'autre bout du monde, qu'elle a trouvé dans les livres, au coucher du soleil, elle cherchait, les levés des ombres, les brûlures du matin, au milieu de l'aube, quand ils ont grillé les branches, d'arbres d'acacia, ils voulait réveiller, les sens des anciens, l'insouciances des fous, la banalité des fourmis, et l'insupportable bourdonnement des guêpes, le dérangement des grands, les malaises des petits, et tous les larmes des égarés, elle cherchait, les coins du soleil et ses rayons perçants, et ceux qui étaient obscures au milieu du jour, elle cherchait, toute la folie des sages, et des petits, des marginaux, ceux qui ont vu le soleil au milieu de la nuit, ceux qui ont trouvé, la joie au milieu du douille, ceux qui ont vu les larmes des extraterrestres, ceux qui ont attaqué la planète des fous, ceux qui n'ont jamais vu, le cheval au milieu de la lune, ceux qui n'ont jamais rêvé de demain, elle cherchait l'arrachement, de la ruine des monuments, des escaliers cassés, au milieu de la gratte-ciel, elle voulait cracher sur la fumée du dragon, avaler la sève de l'arbre de la chêne, elle voulait passer, au-dessus de la boue, qui remplissait les paysages des villageoises, effacer l'abîme des cascades, auprès des voyageurs ; les voyageurs de tous les pays, de tous ceux qui ont vu le passage de l'étoile filante, de tous ceux qui ont rêvé, de l'arc en ciel, sur la planète Mercure, elle n'attendait plus, le retour des vagues qui emportaient, les bateaux des marchands, elle roulait, tout au long du chemin, qu'elle a traversé, pendant plus d'une heure de temps passé, au creux de ce temps elle a parcourais les siècles du passé, et du future, les mille ans, les deux mille ans, les trois mille ans, les quatre mille ans, les cinq mille ans, les six mille ans, les sept mille ans, les huit mille ans etc.

Combien de siècles à contempler encore, à aimer, tout ce bazar du passé, tout ce hier des fous, des sages, des petits et des grands, combien de temps encore, à remonter, à emporter, dans les froideurs des pensées, et les flammes de l'existence, combien de tout ça, à porter sur nos dos élevés, élevés pour porter la colonne vertébrale, où pour porter les siècles ; les siècles de mépris, de guerre, d'esclavage, de la torture, de tout ce monde fou, de ses forces, ses barbaries, ses aveuglements, et tant de siècles dîtes passés, on les voient encore hantent le présent, et remplissent les prisons, tant de toutes les malheurs, et les bonheurs des siècles, il y'avait même des écrivains, qui ont écrit sur le monde des extraterrestre, tellement, qu'on dirait qu'il n'y'a plus rien à ajouter, à contempler sur terre, ou à visionner autrement, dans tous les siècles passés, pourquoi pas, un autre siècle encore ? un seul siècle, rempli de gros œuvre, et de pleins de bonheur, et moins de malheur, enchantant encore le monde, par tout ce monde ; des dauphins, des fourmis, des abeilles, des ermites, des ténias, des vers à soi, ou à terre, de tout ce monde fascinant, que les insectes, ont bien bâtis ensembles, tout ce petit monde, a eu ses siècles aussi, combien de temps encore, pour retrouver un seul siècle. Tout ce bazar d'idées, remplissait les idées de Sophia, après le départ d'Emma, elle lui a fallu encore attraper la machine à remonter le temps, pour qu'elle puisse encore, accepter tant de flottement, des courants d'air passés, tout ce flux de distance laissé, laissé pour enchanter les siècles, avec leurs sages, et leurs tyrans ; Sophia conduisait pour pouvoir éliminer, tous les intrus de l'histoire, ce n'est pas une question d'ordinaire, de tous ces heures échappées, au milieu des mots, de leurs signifiants, et leurs signifiés, tout ce monde encore, que Omar n'a pas eu le temps de comprendre, il était très rapide, en mentant les escaliers de la bibliothèque, il enjambait tous les murets des pièces ; fermées au milieu du labyrinthe, il courait, comme si, le temps le rattrapait au bout du chemin, tout était à casser, par les idées, tout était à arracher par les mots, tout était à pousser par les mots, Omar était encore enfermé dans la rapidité, la conclusion, la question enfilée, enchaînée, il était encore entassé, au milieu des chaises, des bureaux, des ordinateurs, à gogo, des clefs, des tableaux, et tout ce monde, des choses, et des objets, encombrés au fond de la bibliothèque, il calculait encore les pas des passagers, leurs voix, et leurs voies, rien à lâcher, à détacher. Sophia était soulagée d'arriver au sein de sa ville, elle s'est dirigeait rapidement vers sa maisonnette, ses idées ont voyagé au bout des siècles, tout ce monde des anciens, l'a soulagé, l'a rendait heureuse et comblée, il y'avait que ce monde à présent, qu'il avait la possibilité de la rendre forte, capable de gommer, toutes les informations des passants ; en forme ou ivres, toutes les conneries, des grands et des petits, de ce grand monde appauvrie, ou prospère, tout ce monde ensemble, ou seul tout ce glissant monde, à rattraper au bout du doigts, ce monde bien caché, dans l'ombre des Pharaons ; des pharaons embellis, parfumés, entretenus, vénérés et exposés durant tous les siècles passés, au fond des pyramides, enchantés par le monde entier, à quoi encore s'attacher, pour remonter l'aiguille temporelle de l'histoire, pour retrouver le point, de recommencement ; le recommencement de qui de quoi, tout ce monde solitaire et mouvementé, tout le passé et tout le futur ; qui circulaient toujours ensemble, ils vient toujours en même temps, pour stimuler et conduire le maintenant de Sophia. Ses retours, vers son ascension existentiel était indispensable, il lui a fallu ce temps conservé, pour comprendre le cercle, le groupe, et ses manières d'agir au sein du groupe.

Son arrivée n'était pas une surprise, il était déjà tissé en Afrique, tout était commencé en Afrique, par tout son vécus passé, elle était en pleine familiarité avec le groupe, rien n'était nouveau pour elle, tout était en continuel progression, elle n'avait pas le sens de changement géographique, à présent, le soleil, le froid, le givre, rien d'important de tout ça, s'adapter au changement de la nature, n'était pas une gigantesque perturbation, elle était dans le vécus, dans tout ce monde, qui s'éclorait dans tous les cycles passés.

Dès son arrivée, elle s'est jetée sur son lit pour pouvoir fermer la porte des anciens, et couper la machine, à remonter le temps, et pouvoir se remédier avec elle-même, auprès de ses instants, ses moments de retours vers soi, vers les rangements de tout son appareil psychique, sa structure cognitive, et tout son ordre émotionnel, sans coupure, garder son entité, constante, et effacer tout le désordre du monde, rien ne lui a changé ses idées, tout était compris, pour elle, comme une simple fantaisie, au milieu des espaces, coupés, rangés, et emportés, tout était clarifiée pour elle, encore un monde à découvrir, dans ses colères, ses silences, et ses envols. « Sophia devrait dormir, pour pouvoir continuer le lendemain, elle a très bien réussi à fermer ses yeux, en lançant une brève pensée, vers les paroles d'Emma, en un instant, elle s'est emportée vers le monde du sommeil.

Les forces de Sophia, n'ont plus de force ; ses forces cognitives n'ont plus de volonté, tout était emporté, dans une voie circulaire sans limites, c'est le sommeil même, qui gérait ses réflexions, des tas de retours, vers des endroits familiers, et étranges de sa perception, tout était emporté ensemble, des tas de personnes, qui étaient vêtus des uniformes entièrement rouges, rien n'était montré de leur morphologie, tout était couvert, quelques mèches de chevaux, sortis du fond de leur tête, ils étaient tous de la même taille, rien ne différenciaient leur portrait, ils étaient tous de la même forme, ils marchaient avec un rythme similaire à tous, rien ne distinguaient entre eux, ils continuaient, de sortir de quelque au part à côté, Sophia regardait, tout ce monde qui remontait, elle voyait tant de livres entassés, dans les étagères de la bibliothèque, en contemplant tout cet univers, elle a aperçu l'ouverture des livres, des choses étranges surgissaient, au-dessus des étagères de la bibliothèque, les mots des livres se transformés petit à petit, chaque mot produisait sa forme réel, les auteurs sortaient, et prenaient la place, auprès des personnes qui étaient habillés en rouge, tous étaient amenés à lancer des voix, sans signification, tous les mots qui sortaient du livres parvenaient à donner du sens à leur contenu, Sophia était emportée, dans ce monde de sommeil, entre tout ce débordement dans la bibliothèque, Sophia circulait encore, dès qui'elle prenait un livre, les mots s'éclataient, comme des explosifs sans rayons, ils se transformaient en leurs significations, Sophia reculait pour bien appréhender ce monde flottant, elle voyait tous les pays des écrivains, leurs époque, et leurs approches théoriques, mais de la métaphysique ! disait Sophia, comment je peux voir, les concepts qui circulent, les notions théoriques, et tout le monde abstrait des anciens, elle regardait, tout ce magma historique, elle s'émerveillait parfois, et de temps à l'autre, elle s'éloignait rapidement, de tout ce monde d'énigme, et de mystère, Sophia était très légère, toutes les formes qui sortaient des livres, n'avaient aucun effet réel, des volcans, des guerres passées, tout était présenté en face d'elle, elle contemplait tout avec un air ébahit, rien ne lui faisait peur, elle osait même toucher les livres qui étaient posés au-dessus des écrivains, qui marchaient ensembles à la même allure, ces écrivains se présentaient devant elle et tout au long des angles de la bibliothèque, elle cherchait à toutes vitesse des livres, qu'elle souhaitait visualiser, elle courait vers ses livres préférés, en un instant, pleins de courants d'air, l'ont tiré dans tous les sens, toutes les directions, elle était emportée vers tous les époques du passé, la tolérance des écrivains, leur colère, leur révolte, toutes les années passées de l'histoire, sans oublier L'Antiquité et Socrate se baladant fièrement dans les rues d'Athènes, tout ce monde de merveilles et de délires, toutes leurs éloges, leur spécificité, leur creusement, dans tous les coins de l'histoire, des idées de l'imaginaire, de tout l'éclatement du monde, et de l'époque, tout était là, à enchanter Sophia, tous les empêchements, et les absences ; survenus au milieu de son voyage, l 'absence de la bibliothèque, de son espace enchanté, tout ce monde, l'a retrouvé en pleine lumière, lumière de soi, des écrivains, du monde libre, de l'époque de tous, dans son authenticité, et son ultime résistance, tous ces paysages, ces retours des événements passés, tout ce monde, qui s'est émergé, dans toutes ses espaces psychiques, dans sa réalité, dans son sommeil, tout un grand passé, se présenter devant elle, elle voyait clairement, au milieu de son sommeil, ainsi que son réveil réel, elle lui restait qu'a s'indigner par l'apparition de ce nouveau « big bang » qui s'est présenté en face d'elle, c'était toutes ses réflexions qui étaient présentées à côté d'elle, malgré leurs déformations, elle est parvenue à les mettre au coin de l'angle de la bibliothèque.

Le temps des membres du groupe passe en vitesse d'éclaire, ils étaient tous en plein éclore, les jours passent sans se soucier du temps, de la lourdeur de leurs sacs, du changement des lieux, des milieux, des endroits, tout était accepté en plein gré, rien ne pourra perturber leur cogito (Descartes), tout était, construit, et cousus ensemble, embelli, réparé, posé soigneusement, dans un espace mobile, ils ont tout attendus ensemble, l'effacement des brouillards, l'éclaircissement du ciel, tout était débuté, en perpétuel continuum, rien à couper, à disperser, à propager, à éliminer, tout était arrivé, en un flux qui a débordé la tasse, ils ont pu boire dans le creux de leur paume, assoiffés, ils ont trouvé de l'eau ensemble, vers le sentier de la plaine, les cailloux de la montagne, l'ampleur élevé des sommets, ils ont tout vu ensembles, les alpinistes, en train de grimper les hauteurs, mais Omar voulait les grimper aussi, les parcourir, et atteindre les autres côtés de la vue, il a passé des journées entières, à contempler ces montagnes, à chercher un moyen, de le ramener dessus, il a enlevé son sac à dos, par un geste de mécontentement, il l'a éloigné derrière son dos, en regardant à travers, toutes les directions apparus, il a aperçus les hauteurs de la vue, en face de lui, il a repris son sac à dos, il a ouvert lentement, avec un air désintéressé, pleins d'outils à l'intérieur, il voulait encore nouer, et dénouer ses fils, les remettre à nouveau ensemble, file par file, tant de perfection, autant que les premières rencontres, avec les membres du groupe, il essayait de choisir les meilleurs, de toutes ses couleurs préférés, il a tout mélangé, dans sa boite à file, il réfléchissait à un insight immédiat, pour le sortir de tant de volonté, qui le poussait immédiatement, vers l'envie de grimper la montagne, en face de lui, il a tant refait ses efforts, comme si, c'était le commencement de ses créations premières, pour lui rien à ajouter, tout l'ensemble de ses tricots ont bien eu du succès, à l'instant, il avait une grande volonté, vers la densité, la résistance des rochers, et leur stabilité, il sentait qu'il était, proche de leur écho retentissant, à chaque fois, qu'il appelait ses amis, il rangeait ses files sans envie de retours, ses réflexions ont pris d'autres ampleur, des montagnes ou rien, il était déterminé dans ses perspectives, rien ne pourra modifier ses motivations, il restera ici encore.

— Je veux la montagne et rien d'autre disait à haute voix, en lançant un regard lointain, vers le sommet, ses contemplations, lui ont permis de comprendre les rochers, de sentir leur glissement, leur chaleur, leurs courbatures, leurs différents endroits, et leurs mystérieuses cachettes, tout au long de leurs altitudes. Soudain, une petite ouverture intérieur jaillissait, à l'intérieur de lui, il était sûr que derrière les montagnes, il y'avait sa famille qu'il a laissé sans savoir aucune nouvelle à leur égard, après le tsunami qui est frappé le pays.

Le temps qu'il a vécu en ville au sein du cercle, a effacé tous les résidus anciens, et tant de souvenirs enfilés, qui étaient indéterminés pour lui, son allure a changé, et ses tricots lui ont permis, de vivre dignement au sein du groupe. À l'instant présent, le changement global a régné l'ensemble de la vie sociale, de tous les membres du groupe, apparemment, chacun d'entre eux, est préoccupé la plupart du temps, de ses motivations, et ses projets de l'avenir ; leur amitié a nourris en eux, la valeur de l'attachement, ainsi que le détachement temporaire de tous les traits, et les affinités qui pourront les rassembler et les lier ensemble, le seule, qui était prêt à mettre des piliers, à leurs relations, était Attique, malgré l'autonomie psychique, sociale, et économique des membres du groupe, Attique s'investissait quotidiennement, dans la recherche de l'endroit, pour mettre leur entreprises scientifique, au milieu de la ville c'est le seul qui avait le plan à la main, il a parcouru la ville entière, en envoyant des milliers de courriers ; à chaque fois qu'il trouvait un espace convenable à leur projet, il était le premier a aller visiter l'endroit.

De temps à l'autre, il contactait Safire, pour lui clarifier les idées, il travaillait, matin, midi, et soir, le plan de leur projet, tous les membres du groupe, ont pu conceptualiser leurs envisageables recherches, et maintenant c'est Attique qui a pris le relais, il recevait quotidiennement des réponses, à ses recherches d'endroit, tous étaient d'accord de bien vouloir trouver l'espace adéquat, à la sortie de la ville, en face de la colline qui amène à « la montagne de la plaine », en attendant de trouver l'espace convenable, pour concrétiser leur entreprise scientifique, Fred attendait impatiemment le rendez-vous, avec le médecin, il y'avait que le voyageur méconnu, qui était présent, à ses côtés, dans ces moments délicats, ça fait un temps depuis qu'il n'avait pas visité le médecin, en plus, il était sûr, qu'il va être opérer au niveau de ses yeux, malgré la simplicité de l'intervention, Fred avait peur, de toutes les complications éventuelles.

— Alors pourquoi tant de peur, on a qu'à aller changer l'air à côté de la fontaine » il lui a dit le voyageur méconnu, tous les deux ont quitté l'endroit pour qu'ils puissent rejoindre la fontaine, ils ont tout discutés, leurs premières rencontres, au sein du groupe, leurs différentes divergences, et tant de temps qui ont partagé durant tous les mois passés. Le voyageur méconnu a essayé de changer les idées de Fred, et de l'attacher à des sujets, tout à fait éloignés de ses préoccupations individuelles.

Il a fallu tout dégager, de la perception de Fred, par un simple évasion, ils ont assez discuté, tout au long de leur marche ensemble.

Le voyageur méconnu, ne cessait pas de vérifier son cahier de notes, il avait peur d'oublier ses idées, à chaque kilomètre parcouru, il ouvrait son cahier, pour pouvoir ajouter ses analyses, et ses manières de concevoir le monde. Ses refus de parole au milieu du groupe, est dû à sa propre thérapie qui consistait à écrire intuitivement, et à ramener tout, à la conservation, il était dans l'ultime effort cérébrale, toute son énergie l'a dépensait dans l'écrit, dans la réflexion, et la recherche quotidienne, de d'autres méthodes de compréhension, pour pouvoir comprendre le groupe, par ses silences, ainsi que ses écrits. Sa thérapie était « The Writing Cure », il était l'ultime interprète de ses vécus.

Le voyageur méconnu, faisait tout pour conserver sa santé psychique, il était dans un processus d'effort continuel, à n'importe quel moment, il reprenait ses écrits, d'un côté ; pour extérioriser ses décharges émotionnelles, et d'un autre côté ; pour se rassurer, que son appareil intellectuel, est encore en parfait fonctionnement, le voyageur méconnu, était le seul connaisseur de lui-même, par sa méthode régulière, qui était centrée sur l'écrit.

Fred, ne parlait jamais avec le voyageur méconnu, des choses qui fâchent, son sixième sens, lui a permis de comprendre les intentions du voyageur méconnu, ainsi que sa volonté, de mettre tous les membres du groupe sur la même longueur d'onde. Tous,

étaient-là pour permettre à chacun d'eux, de suivre sa volonté, il a fallu tout dédramatiser, rien n'était supérieur entre eux, amener toutes leurs motivations, vers la concrétisation, tolérer l'exaltation d'Omar, mettre de l'élan dans les perspectives, et les
recherches de Sophia, et libérer Emma de la pression pharaonique au sein du travail,
mettre de l'ardeur, dans la persévérance d'Attique et dissiper les exploits de Safire, il a
fallu distinguer et assembler tous les parcours des membres du groupe, sans négliger
de mettre en valeur les avancés de Fred et les incontournables méthodes du voyageur
méconnu, tous étaient-là à mettre de l'élan aux volitions du voyageur méconnu, sa
présence au sein du groupe, s'est concrétisé progressivement, sa volonté d'agir pour
tous était la seul démarche, qui leur a permis de se relever à nouveau, et de suivre leur
régénération, et maintenant alors, ils sont dans leur propre retour, retour vers soi, vers
le monde ; qui était choisi par leur vécu, et leur construction ensemble, ils ont tout déconstruit, pour l'incontournable motif qui inclut, leur estime de soi, et le respect mutuel,
qui était leur ultime devise. Les membres du groupe ont incarnés à l'intérieur d'eux-
mêmes la valorisation de leur potentiel individuelle, et la valorisation de soi-même par la
confiance en soi, ainsi que de la confiance aux autres.

Il a fallu tout comprendre, le groupe et ses aléas, ses attentes illusoires, ses espoirs,
ses persévérances, ses multitudes étapes de recommencement, et toutes les circonstances, qui les ont conduit vers le développement, de leur propre potentiel, ils étaient
amenés à vivre intensément leur liberté, leur manière de concevoir l'amitié, et leur habilité de se comprendre au milieu de leur cercle, et la perte continuelle de leur repères existentiels, leur rencontre a montré la force intérieur de chacun parmi eux, ils ont puisé
dans leur ressources sans puiser leurs réserves, il a fallu encore conserver leurs puits
psychiques et ne plus déserter leurs facultés globales.

Le réveil d'Emma était très perturbé, elle était cassée dans ses idées, altérée dans
sa conscience, tout était floue en face d'elle, elle voyait tout en brouillard, son voyage
l'a assez chamboulée, c'était la première fois depuis le commencement de ses trajets,
qu'elle a pu rencontrer des problèmes pareilles, il lui a fallu tout simplifier, pour amener
ses idées vers la concrétisation, et l'éloignement de l'abstrait, malgré son ultime conscience des événements passés pendant son voyage, et pour qu'elle puisse décharger
ses émotions, avant de rencontrer ses collèges de travail, elle lui a fallu, organiser l'ensemble de ses idées, par une simple méthode qui consistait à éliminer, toutes les pensées négatives, qui pourraient influencer ses motivations, et ses perspectives au sein

du cercle, peu de temps avant de reprendre la route vers « La fondation » Emma a essayé d'appeler Sophia, pour qu'elle puisse voir avec elle, les changements de son état, depuis la dernière fois, dont elles se sont séparées.

Emma est devenue très proche avec Sophia, leur attachement a augmenté depuis que Sophia a vendu son chien de garde aux enchères. Emma ne supportait plus le chien de Sophia, à cause de son allergie cutanée, elle lui a fallu absolument trouver une solution. Emma a enfilé ses chaussures, ensuite, elle a rangé quelques papiers à droite et à gauche, elle avait envie de partir partout dans les pièces de la maison, en un geste elle a coupé les files de l'électricité elle a couvert la télévision, avec un petit tissu enroulé, elle a tourné un bref regard vers la terrasse, puis elle a fermé tous les stores de la maison, elle a laissé ouvert que les petites fenêtres des pièces en face d'elle, Emma trouvait toujours du plaisir à contempler, les nano-poussières qui rentraient en toutes délicatesses au sein de la maison, comment ça fait que ces petites fétiches naturelles, avaient la capacité de changer son humour, heureusement que son allergie, concernait que les poils des chiens, ça lui a permis de contempler ces minuscules matières, qui lui ont offert un spectacle hypnotique exceptionnel.

Emma parvenue à être heureuse à la moindre changement, tout était domptables, assimilables, compréhensible, elle était entièrement prête à mettre, toutes ces fétiches très loin d'elle, à travers les sentiers de ses pensées, c'était une sorte de revivre en permanence, et permettre à ses réflexions, de repousser tous les intrus imaginaires, qui pourront perturber ses raisonnements. En un laps de temps, Emma a fermé la porte de la maison, elle a pris ses dossiers développés ; à propos des améliorations et des progrès remarquables, qui ont eu les membres du groupe, entre doute et sûreté au sein de son travail, Emma était amenée, à vérifier les projets de la « fondation », et faire barrage à toutes les critiques intarissables, des responsables de « la fondation ».

Dès son arrivée, les membres étaient déjà installés à l'intérieur de la salle des colloques périodiques, elle avait hâte d'exposer ses avancées auprès de la fondation. Emma ne parvenait plus à garder son calme, un stress brusque l'a enveloppé, dès qu'elle a vu les pas et les regards, de ses collègues orientés vers elle, elle a changé de direction, en leur lançant en même temps un bref salut, Emma faisait tout pour retrouver son souffle, ses forces antérieures, et toutes les petits miracles qui pourraient dissiper sa traque.

Elle respirait profondément en toute équilibre, elle se rassurait d'avoir assez de force, pour pouvoir affronter les persuasions des adhérents de la fondation, elle assemblait toute son unité et éloignait de ses réflexions tous les doutes, qui pourraient modifier ses certitudes, auprès de son cercle, l'odeur du café a arrêté la dispersion de ses idées, elle a repris un nouveau départ, Emma voulait nuancer ses conflits au sein du travail.

Tous étaient persuadés qu'Emma investissait trop au sein du cercle, il a fallu tout reprendre avec elle, les horaires, l'énergie, les nuits blanches qu'elle a passé à préparer les séminaires de travail, et tout le temps qu'elle a rajouté par ses propres initiatives. La responsable de la fondation était amenée à adresser la parole vers Emma.

— Voilà Emma, nous avons assez discuté au téléphone, à propos de vos interventions au sein du groupe, et nous avons constaté, que vous ne comptez plus votre temps, ni le nôtre, vous-vous mettez trop de volonté apparemment, et nous sommes parvenus à aménager ce temps pour discuter avec vous, sincèrement nous nous comprenons pas, comment vous faite pour rajouter plus de responsabilités auprès du groupe.

— Tout d'abord j'aimerai bien vous rappeler, que mon travail auprès du groupe est tout à fait volontaire, moi d'ailleurs en ce moment, je fais mes recherches auprès de « la fondation internationale des esprits libres » il faudrait savoir que je ne compte plus sur les méthodes de travail, qu'on avait commencé ensemble, car mes réflexions sont centrées sur l'humain, et ne pas sur la méthode, voilà pourquoi je ne répondais pas à vos appelles. ». A rectifié Emma.
— Ok, vous-savez bien que nos concepts consistent à étudier les phénomènes sociaux en général, alors il ne faudrait pas laisser la subjectivité domine l'objectivité et vice-versa et bien sûr les résultats viendront après. A rappelé la responsable de la fondation.
— Très bien, moi aussi, les résultats ça me regarde entièrement, et je vois bien que les membres du cercle, sont dans leur ultime développement, et je suis ravie de ces résultats. Je précise qu'on est un cercle et non un groupe, je constate que, le cercle est proche de mes démarches de recherche, au lieu du groupe, la nomination est tout à fait importante.
— Dans notre cercle, nous essayons pas de modifier les orientations, chacun conçoit sa conscience, comme elle l'envisage lui-même, et non comme ils la conçoivent les autres. Et en plus, au sein du cercle, nous développons les potentiels de chacun.

— On dirait que vous êtes là pour nous critiquer, sur nos manières de travailler nous nous suivons les concepts, et nous sommes pas prêts, à changer nos propres concepts, pour faire plaisir à d'autres démarches scientifiques, et en plus il ne faudrait pas oublier de mettre de la distance, dans votre travail vis-à-vis, des membres du groupe, car le transfert freudien et possible. A déclaré la responsable de la fondation.

— Nos recherches consistent à revoir les concepts et à les développer, nous ne pratiquons pas de la psychanalyse dans nos cercles, les notions de Freud c'est important, mais elles ne sont pas parfaites, ce n'est pas des sciences exactes, d'ailleurs, nous avons déjà parlé au sujet de « transfert », et nous sommes plutôt pour « l'entendement humain » et ne pas « le transfert », parce que nos liens sont basés sur la communication, et non sur des cas. Nous sommes dans une démarche de filiation intellectuelle, si vous-êtes contre, ça veut dire, que vous êtes en train d'éliminer, la substance première de la science elle-même tout simplement, vous ne vouliez pas que les membres du cercle soient des personnes qui sont tout à fait aptes, à construire le monde, où ils voudront vivre, et apparemment, ce n'est pas votre vision du monde. Si j'ai bien compris. A précisé Emma.

— Ce n'est pas du tout ça, mais d'ailleurs, il y'a énormément de choses à faire, et à développer en plus de ces démarches, vous ne pouvez pas rendre tous les membres des groupe comme des copies humaines, si je veux vraiment partager mon opinion avec vous, je peux vous clarifier une idées très convaincante, il ne faudrait pas mettre des modèles dans vos tableaux de recherches, la plus importante chose, c'est de laisser les membres du groupe, avancer par leurs propres démarches, qu'ils ont développé tout au long de leur parcours, alors la notion du modèle, n'importe lequel, il faudrait absolument l'éliminer de vos recherches, la science appartient à tous, et l'essentiel est englobé, dans l'effort et le mérite de chacun, ainsi que leurs multiples cheminements, il ne faudrait pas se fermer dans des types restreints, et voilà, si vous voulez avancer, il faudrait y parvenir à long terme, et bien sûre vos démarches scientifiques vont voir le jour. A annoncé la responsable de la fondation.

— Ok, je suis d'accord aussi, tous les membres du groupe, ont le droit d'avoir des affinités intellectuelles, d'ailleurs Sophia m'a vraiment enchanté, il a fait un travail remarquable, concernant les réseaux sociaux, pour bien prouver l'ultime nécessité de s'entendre intellectuellement, et en plus, tu peux trouver, tous les centres d'intérêts, ainsi que les pages que tu veux suivre, c'est une merveilleuse révolution numérique, qui est consacré à changer les notions passées, s'entendre dans les pensées, est l'ultime avancé de la science, par ses métamorphoses et ses transformations continuelles. A déclaré Emma.

— Ok, on dirait, que vous avez un autre projet à nous projeter au sein de notre fondation ?

— Tout à fait, je suis tout à fait consciente, que je ne resterais plus, dans votre fondation. Scientifiquement, mes démarches consistent, à mettre le sujet humain, dans toute sa splendeur au centre de la science, et non l'inverse. A confirmé Emma.

Emma a repris son authentique souffle et sa grande volition vers l'ultime confiance en soi, et en un monde libre, qui est conscient de sa crédibilité, et sa dignité, c'était son plein retour, vers la reconstruction d'un monde meilleur, un monde où le théâtre trouve son grand espace, l'espace où le spectacle pourra retrouver ses arènes, en toute liberté, le théâtre authentique qui ramène, de la joie, du souffle, de la gratitude ; le théâtre qui élève, et augmente la valeur du monde, dans toute sa diversité. Emma a découvert qu'elle était dés le commencement au sein de la fondation, dans un monde incompris pour elle, un monde où on emprunte les univers et on décrit les modèles. Emma n'avait même pas le temps de réfléchir, à propos des événements passés, elle était tellement hâte de construire autrement, dans d'autres sphères d'existences, ses projets avec les membres de « la fondation international des esprits libres » étaient son avenir, elle a pris sa voiture pour rejoindre le cercle, elle était enchantée de pouvoir reprendre sa route ; dès son arrivée, elle a appelé tous les membres du cercle, pour voir avec eux, les avancés de leur projet, tout un panorama de future, se présentait en face d'elle.

Quelle surprise ! Safire était le premier à s'installer dans le bureau de « la fondation international des esprits libres ».

Emma a salué amicalement Safire, comme si c'était la première fois qu'elle a rencontré, dans un laps de temps, Safire a repris ses débats. Ah ! je ne comprends pas, pourquoi je n'ai pas reçu beaucoup d'appels récemment, malgré que j'étais très occupé dans mes recherches, je voulais absolument, reprendre vos nouvelles quotidiennement, ça me permet d'avancer, dans mes perspectives et mes progressions scientifiques, au sujet du « développement de l'environnement dans les pays en voie de développement », Emma savait bien que la présence de Safire, était indispensable, elle lui a fait un bilan complet, concernant les mois passés, Safire était toujours assoiffé de connaître les avancés du cercle, Emma lui a détaillé l'ensemble de leur vécus. Après des heures passés ; les membres du cercle sont arrivés en même temps, tous se sont installés autour de la table ronde. L'ultime sujet de discussion était l'hospitalisation de Fred, le rendez-vous était fixé pendant la journée même, ils étaient dans la nécessité de calmer l'esprit de Fred, par différentes manières ; ils ont abordé des sujets divers pour changer ses idées.

Attique était émerveillé de la nouvelle, qui devrait leur a annoncé, elle leur a expliqué, qu'il a reçu une lettre importante la veille concernant leur projet scientifique « la fondation internationale des esprits libres », le contenu du lettre était positif, ils leur suiffaient de signer le contrat de leur projet scientifique.

La nouvelle a enchanté les membres du cercle, tous étaient prêt à y mettre de l'énergie, de l'intelligence, pour permettre à d'autres membres, d'y adhérer, et de développer ensemble, d'autres manières de cohabiter et de faire avancer leur potentiel individuel, et en même temps faire avancer le monde.

Autrement dit, Fred était entièrement prêt en compagnie de ses amis, d'y aller à L'hôpital, il était impatient de voir à nouveau, ses yeux s'ouvrirent sur le monde ; le monde qu'il voulait voir, par sa propre volonté, ce jour-là personne n'était absent du cercle, tout le monde était là au rendez-vous, dans le brouhaha de la ville, ils ont pris la route en toute confiance, ils leur suffisaient d'avoir, assez de temps pour y parvenir. La vie des membres du cercle à repris la vie à nouveau dans une complète harmonie, ils leur a fallu tout simplifier, pour pouvoir y arriver à leur résultat.

Comme par amitié, la nature s'est réveillée en plein bourdonnement, des foules de pigeons picotaient encore les grains de blé, qui étaient éparpillés tout au long des rues de la ville, les membres du cercle, étaient tous orientés vers l'apaisement du monde, et son renouvellement.

Dès leur arrivés, la salle des opérations était déjà prête, ils leur a fallu épauler Fred et lui souhaitant une bonne chance, et un bon retour parmi eux. Pour oublier le temps qui passe, les membres du cercle, se sont dirigés vers la cafétéria, pour prendre un verre ensemble. Le silence remplissait les coins des pavillons, un climat de méditation s'installait brusquement, ils ne voulaient plus regarder l'horloge, chacun d'entre eux s'est mis à imaginer les secondes, les minutes, les heures, tous avaient la volonté, de gérer ce temps obstiné et de pouvoir réduire son déroulement, souhaitant à nouveau voir Fred en face d'eux, en parfaite satisfaction de lui-même et de sa santé.

Tout le temps passé à L'hôpital, les membres du groupe étaient absorbés par tant de bruit qui était à l'extérieur, des milliers de gens se rassemblaient aux alentours, mais personne n'a osé s'approcher de la foule, ils étaient complètement préoccupés de l'hospitalisation de Fred, Sophia regardait attentivement les personnes qui se baladaient en face, tous avaient des petits paniers à la main, les visages des femmes étaient tous tatoués, figurant des motifs très fins au niveau du front et du menton, tous avaient des larges sourires, elles parlaient avec un air détendu, Sophia n'a pas lassé de les regarder, elle a trouvé quelques ressemblances avec des gens familiers à elle qui se dégageaient de leur allure, elle est restée intriguée, par leurs manières de parler et de remplir tout l'espace à côté, elles se sont installées sur un banc au fond du jardin, toutes se sont alignées tout au long du banc, leurs bavardages ne cessaient pas de baisser, toutes avaient des choses à raconter et à montrer en même temps entre eux, elles présentaient des fétiches au fond de leur sac, de temps à l'autre, elles lançaient des regards vers la foule et parfois vers Sophia et le groupe en face, elles avaient une sorte de contemplation vive et désintéressée, tout leur regard était concentré entre eux, Sophia avait l'impression de les connaître en apparence, mais apparemment, ses souvenirs se sont partaient très loin, à travers les tunnels de l'inconscience.

— Elle se rappelait petite à petit, de tout ce monde construit au fil des ans tous ses retours vers le temps passé étaient parmi ses avancées ; ses avancées qui consistaient à garder sa pesanteur, ses enracinements, dans toutes les sphères traversées, elle s'est laissée émerveillée auprès de toutes ces femmes-là, qui étaient comme des dessins au fond des tableaux, ou comme des visages sortis des cadres anciens, elles étaient toutes imaginées, rectifiées et mises en relief, personne ne pourra les déplacer à sa façon, tout était fait par mesure, elles rentraient à merveille dans les mesures choisies, rien ne changeait leur apparence, tout était mis en un perpétuelle recommencement ; recommencements des usages ; des attaches ; des affinités ; tout est revenu devant Sophia, une sorte d'apaisement et de sécurisation de son espace, ses réflexes, ses mimiques, tout était revenu, son sourire, elle voyait ces femmes : « comme s'il y'avait un jour » ; quand elles ont traversé le pont au milieu du village, quand elles ont refusé de surveiller le troupeau, elle les a contemplé partir au-dessus du grand pont, qui transportait tous les passants, elles ont décidé de partir voir le lever du soleil, à côté de la mer endormi, elles avaient assez d'attendre le retour du train du village, leur temps commençait à voir plus d'ampleur ; ces femmes-là, ne voulaient plus garder leurs tatouages.

Sophia s'est laissée emportée vers ces espaces, qui étaient libres dans leur aspect, Sophia imaginait ces femmes qui étaient tout à fait enchantées, par leurs ajouts esthétiques, elles leur suffisaient de se regarder entre eux, pour se repérer et se voir dans le visage de l'autre, dans leur ressemblance, leur similitude, c'est une sorte de cadre, de miroir élargie, entre elles, un miroir partagé ; elles n'avaient pas l'impression, de se confondre entre eux, ni de se fondre, c'est une image construite et recommencée perpétuellement, pour ne pas s'égarer dans un monde et un univers infini, infini dans sa création, dans sa genèse et ses inconnus limites, limites de vue et d'étendu, rien n'était stable dans la connaissance de Sophia, tout est revenu pour secouer ses idées, ses convictions, tout était fragile en face d'elle, malgré la force de son intuition, elle était ancrée au fond du cercle, elle suivait son point de repère, qui était mobile, changeant, à chaque fois, qu'elle changeait d'endroits, tout était floue sauf son point de repère, qui était changeable et modulables, par ses réflexions, ses pensées, et ses retours vers son ultime être, qui ramène de la certitude, et la sécurisation, de ses profondes convictions, elle était dans son ascension psychique, qui éloignait tous les brouillards de ses pensées, tout était claire pour elle, même ses doutes étaient clarifiés et mises en lumière, Sophia était là pour pousser, tous les ombres du passé, elle avait à conduire son temps par ses contemplations, qui lui ont confirmaient ses distances éloignées et les ruptures apparus, dans ses pensées, rupture de tout ce passé floue et flottant qui ressemblait, aux sourires des femmes en face d'elles, des sourires, qui étaient, comme des produits de marché, comme des silhouettes au milieu des vitrines au sein de la ville, elle les regardaient avec distance et réflexion, tout s'est émergé en face d'elle.

Tout était beau à distinguer et à mettre entre parenthèse, rien n'était sûr pour Sophia sauf son intérieur, qui était en plein apaisement, une grande sécurité a régné ses idées, elle lui a fallu accepter les lacunes des apparences, l'illusion des foules et l'incontournable attache au monde, dans ses manques, ses cassures, ses blessures, ses déceptions, ses joies, ses hauteurs, et ses échappements, et permettre au monde, de se relever à nouveau, dans sa simplicité, sa réalité et ses rêves, qui éclosaient, malgré l'obscurité du soir, et l'éblouissement provoqué du jour.

Tout était à contempler par les mots, tout était à comprendre par les mots, tout était à guérir par les mots, tout était à relever par les mots, les mots étaient l'antidote du silence, tout était à réduire par les mots, tout était à gommer par les mots, tout était à abolir par les mots, tout était à arracher par les mots, tout était à retrouver par les mots, réduire l'opacité des coulisses et l'éblouissements de la scène, tout était à réduire par la force d'être et la force de ne pas être, comme des silhouettes au fond des vitrines au milieu de la ville, ne pas être comme des marionnettes, dans les mains des guignols, ne pas être comme des jouets, dans les chambres des enfants.

Toutes ces réflexions se sont survenus dans les pensées de Sophia, en contemplant les femmes, qui étaient en plein vécus, en face d'elle, rien n'était conclue, pour elle, tant de retours vers le réel, pour pouvoir accepter tant d'infini, qui était à limiter, à repousser, loin de ses intarissables analyses, analyse du monde du mépris, du vertu, la vertu du monde, ses envolées, et ses gigantesques réalisations.

Sophia, ne se laissée jamais emprisonnée, dans les toiles de l'inconscience, elle était toujours prête à s'échapper librement, sans modifier ses trajectoires, elle lui a fallu toute une compréhension, pour qu'elle puisse clarifier les événements en face d'elle, un retour vers L'Afrique lui a permis de découper, tous les ensembles d'idées, qui étaient enfilées, et emmêlées entre eux.

Tous les membres du groupe, étaient en plein satisfaction, même si la plupart des événements étaient coupés de toutes les perceptions immédiates, en un laps du temps, les femmes se sont éloignées de sa vue, elles se sont dirigées vers le square de la ville.

L'autre commençait à faire des allers-retours auprès du groupe, il était impatient de connaître les nouvelles de Fred, il était amené à s'approcher de la salle d'opération, pour voir de près la sortie du médecin et s'informer sur l'état de leur ami, plus jamais personne ne pourra lui enlever ses attaches à cette humanité de Fred, malgré la fragilité de Omar et ses perpétuelles contradictions, envers les membres du groupe dans les moments sombres ; il était altruiste et disponible pour éloigner le groupe de ses doutes et ses soucis, qui étaient provoqués, et mises en scène quotidiennement.

En effet, Omar incarnait le bon et le mauvais, il était entre deux univers qui se contredisaient, entre sa spontanéité, ses ragots, ses manques de connaissances, toutes les fracas du monde l'ont amené à être d'un côté fragile et de l'autre côté ingérable, dans ses critiques, ses questions, ses malaises, ses envieux sentiments, vers le voyageur méconnu et Sophia et tout un panorama d'événements qui confirmaient, ses précipitations et ses faiblesses vis-à-vis de soi-même et des autres, ses décisions, prises au sein du groupe, étaient un résultats d'un monde, mobile, mobile dans ses repères et sa réalité, Omar suivait toutes les scènes du monde, il avait peur de rater, quelques démonstrations, qui s'écloraient de l'ordinaire, tout était incognito pour lui, dans des moments de confusion du monde, il expliquait par ses propres mots, les limites du monde en face de lui, quelque chose s'est enlevé de sa perception, mais malgré ça, il conservait encore, la lumière de sa mémoire, qui effaçait l'illusion et l'image du bon et du mauvais.

Tous étaient entre leur vérité, leur vision du monde, et leur voix envers ce monde, une voix silencieuse, qui ne pouvait plus sortir librement, chacun parmi eux, avait une image d'un monde, qui recommencera à nouveau à exister dans sa dignité et ses valeurs, tous ont parvenus à mettre du sens à l'ordre du monde, le vécu au sein du cercle était plus réel, que le monde en face d'eux, ils étaient en parallèle coexistence, comme des bédouins au creux du désert, comme des aventuriers au fond de L'Amazonie, tout est revenu charger leur pensée chacun parmi eux sentait une obscurité et une jubilation vis-à-vis de la tornade du monde, c'était impossible pour eux de changer la fatalité d'un monde, qui s'est produit comme par une simple erreur, une grosse erreur ; une matière grisâtre a enveloppé la surface du jardin en face d'eux, tout était couvert en un blanc grisâtre, une vaste couche de cette matière a camouflé les buissons du thym, tout au long de la route, la nature s'est révoltée dans ses failles et ses transformations, elle a stimulé le silence des spectateurs à côté, Sophia s'est levée en même temps que Emma, elles se sont orientées spontanément, vers les abords du jardin, pour éclaircir leurs idées, il a fallu tout observer, pour éliminer toutes les superstitions qui pourront modifier leur compréhension, Safire s'est levé rapidement, pour voir de prêt, le genre du phénomène, il n'était pas un physicien, mais sa soif du savoir, lui a permis largement d'avoir un ensemble de connaissances, qui lui ont permis de décrypter les énigmes du monde, son ultime angoisse se manifestait juste quand il ne peut plus comprendre l'échappé de la réalité et l'insuffisance de nos vus, il était amené à prendre un échantillon dans une boîte, pour vérifier ses particules, et ses étranges couleurs, qui reflétaient des rayons fins face au soleil, Emma était obligée d'interrompre l'action de Sophia, en essayant de toucher la matière en face, quelques odeurs de brûlures ont envahi l'atmosphère, tous se sont levés pour vérifier la nature du phénomène, personne n'avait la moindre idée à manifester, tous se sont rentrés dans un mutisme apparu, ils n'avaient aucune explication à ajouter, Attique avait l'idée de ramener la boite, dans un laboratoire de recherche pour définir le contenu de la matière, Attique et Safire ont pris un taxi, pour anticiper leur temps, ils sont partaient en toute vitesse, pour éviter toutes complications, qui pourraient se développer, tout au long du trajet parcouru, le conducteur s'est informé sur le genre de déplacement, dont ils voulaient effectuer, en effet, ils cherchaient un laboratoire de recherche, pour qu'ils puissent analyser la structure de la matière trouvée.

Tant de temps passé ensemble, les membres du groupe se sont mobilisé tous, pour leur avancé, qui était en même temps, l'avancé du monde social, la moitié du groupe sont restées à attendre le réveille de Fred, en un instant, Emma, a reçu un appel téléphonique venant de L'hôpital, elle n'a pas eu le temps, d'expliquer l'origine de l'appel, elle est partie en courant vers l'hôpital, pour savoir les nouvelles de leur ami, elle est montée les escaliers en face, pour rejoindre la pièce, qui était prévu pour installer Fred, elle a trouvé la porte ouverte, en rentrant à l'intérieur, personne n'était là, la pièce était vide, un lit au milieu et une chaise tout au fond du coin, elle a regardé dans tous les coins, puis elle est sortie attendre, l'arrivé de l'équipe médicale, les minutes passaient en reculant, Emma ne pouvait plus maîtriser, la sueur qui coulait du paume de ses mains, un sentiment de responsabilité l'a envahi, tout était inconnu pour elle, dans ces moments, de transition d'être pour Fred, elle imaginait déjà Fred en plein vue, ouvrant pleinement ses yeux sur le monde, et le voir transformé par cette opération, qui lui permettra de s'approcher plus du monde et de pousser tous les doutes qui se sont ancrés en lui vis-à-vis du monde réel, elle attendait inlassablement le jour où Fred aura une grande capacité de juger positivement le monde autour de lui malgré les dysfonctionnements éventuels de ce monde et l'égarement perpétuelle de la dignité humaine, Emma était remplie d'espérance parvenir à accompagner un membre du groupe, tout au long du temps passé, était très constructive pour elle, ainsi que tous les membres du groupe, suivre les progressions de chacun, était une grande aventure humaine, une aventure qui s'est déroulait dans des espaces limités, par contre, le temps était plein et chacun l'a dépensé la plupart du temps dans ses propres préoccupations qui était l'objectif premier de la création de ce cercle.

Emma, se souvient très bien de l'importance, qui ont assigné les membres du groupe à l'ensemble du temps, qui ont partagé ensemble entre liberté de conscience universelle, tout était ouvert sur le monde, malgré les obstacles, et les contraintes rencontrées, tout au long de leurs parcours, ils ont trouvé le monde qui ramène à la réalisation en toute confiance, un monde où tous les membres, ont parvenu à construire leur pont imaginaire, un pont qui les lie entre deux univers, tout d'abords leur univers individuel et ensuite l'univers social, par leur continuelle invention, ils leur a fallu un champ d'imaginaire pour défier l'infini et maîtriser la lourdeur du temps, et pouvoir approcher entre les deux sphère d'existence, sans réduire la valeur de ces deux sphères, il a fallu tout un tant d'essaye et de réussite, pour qu'ils puisse atteindre, leur équilibre global, apaiser leur être et recréer leurs espaces de régénération, Emma était absorbée par la valeur du temps et sa capacité de produire de l'élan, par l'enchainement des événements et leur successif maintien, le faite d'actualiser leurs journées, était indispensable pour eux, tout était à concrétiser, par leur propre vécus ensemble ils sont parvenus à nouveau à construire leur système de pensée, qui était choisi tout au long de leur installation en ville, il a fallu que Emma, parvient à solidifier ses acquis, après tant de débats et des dialogues qui étaient développés progressivement au sein du groupe, c'est par ce principe que leur réalité a repris vie à nouveau, dans ses rayonnements et ses progrès ; en effet, les membres du groupe cherchaient l'écoulement des rivières, la clarté de l'espace, et la banalisation du temps, ils ont tout vu ensemble, l'effondrement du murs, la puissance de la vie, malgré les changements de la nature, ils leur a fallu tout mobiliser, retourner progressivement dans le passé, pour pouvoir habiter le présent, ils ont tout ramené et simplifié, dans leur compréhension du monde, ils ont découpé les ensembles, amoindris la pression de l'existence, tout était possible face à l'impossible, impossible de transpercer les tours, impossible d'atténuer les paradoxes et les antagonismes des membres entre eux, tout un lot d'impossibles qui est engendré leur co-existence, il a fallu absolument chercher d'autres possibilités d'existence, être auprès de leur entendement, augmenter leur multiples facultés la faculté de raisonner et de juger par leurs propres logiques, tout était à déranger dans leur passé, tout était à déduire dans leur passé, tout était à comprendre dans leur passé, retourner, remonter le temps, pour pouvoir conserver le présent et le réel, tant d'efforts qui étaient multipliés et augmentés pour rattraper le maintenant, pour concrétiser leur existence, pour le rendre actuel et vivable plus que leur vécus passé, tout était à actualiser, à rendre sensible à leur sens, leur intelligence, ne rien laisser au hasard, avoir l'habilité de tout mettre en petit pour arriver à garder leur globalité, leur structure de raisonnement et leur démarches continuelles, il leur a fallu tout un vivre d'ensemble, dans l'humilité, et l'empathie, qui ne réduit rien de leur manière de pensée et de décision, dans tout le temps passé, leur capacité de retourner vers le passé, n'était pas une simple régression, mais bien au contraire, un facteur primordial pour retrouver leur vie en plein vécus, il leur a fallu tout déduire, pour pouvoir être soi-même prêt à porter les montagnes entières sur leur dos, rien n'était contraignant pour eux, tant de réflexions ont submergé les pensées d'Emma en attendant la sortie de Fred du bloc opératoire, il a fallu encore supporter le poids du temps, et pouvoir le maitriser encore dans ces moments délicats, en un instant, elle a entendu des pas, qui se sont dirigés en sa direction, ils étaient presque tous-là, ce n'était pas l'équipe médicale encore, c'était l'arrivé de Omar, Sophia, le voyageur méconnu, il manquait Safire et Attique qui n'étaient pas encore revenus du centre-ville, il n'y'avait aucun appel à mentionner.

Emma était soulagée de les voir, sa responsabilité s'est réduite et tous étaient là pour attendre la sortie de Fred. Sophia a reçu un appel téléphonique de la part d'Attique, il lui a expliqué leur incapacité de se déplacer, Safire et lui-même sur-le-champ, car l'échantillon qui ont récupéré, n'est pas encore été identifié, alors il faudrait attendre encore le résultats.

Attique, a ajouté qu'ils auront assez de temps pour les rejoindre après leur mission. Sophia a coupé le téléphone, elle était amenée à spécifier la situation de leur amis ; de toute façon, on ne peut pas les rejoindre, on est occupé ici et si quelqu'un parmi vous, souhaite rejoindre le laboratoire, il a qui y a aller en taxi personnellement, je reste encore ici. A déclaré Emma.

Un grand silence, a envahi la salle, tous n'étaient pas enthousiastes d'y aller, ils ont laissé la responsabilité à Attique et Safire, en attendant la sortie de Fred.

Des magazines à feuilleter sur place, par un air ennuyeux, tous étaient impatients d'arrêter ce temps, qu'ils les méprisaient pareillement. Quelques instants après, l'infirmière est rentrée dans la salle, il a adressé la question aux membres du groupe, « qui es parmi vous, est l'un du membres de la famille de Fred, il faudrait le rejoindre dans la pièce du repos ». Tous ont répondu à la question, c'est nous, ils n'ont pas eu le temps de tout expliquer à l'infirmière, par contre elle était intriguée de recevoir cette réponse partagée.

Tous se sont dirigés vers la pièce. Ils ont sonné à la porte, ils n'y'avait pas d'écho. C'est normale, a déclaré Sophia, Fred est encore sous l'effet de l'anesthésie, après un temps, un médecin les a repéré, il avait l'amabilité de les accompagner. Il a ouvert la porte, Fred était confortablement allongé, tout au long de son lit, ses yeux étaient bandés par des sparadraps, il a murmuré quelques mots, mais personne n'a pu comprendre ses propos.

Le médecin leur a précisé qu'il ne faudrait pas trop parler et si nécessaire, il ne faudrait pas parler encore, jusqu'au qu'il sera plus en forme, Omar n'a pas dit un mot, c'était la première fois depuis leur co-habitation ensemble, qu'il ne posait pas de question, il est devenu plus posé et prêt à écouter les autres en face de lui.

Ils sont restés debout à regarder dans tous les sens et parfois à rester distrait sans rien dire, c'était comme ça, Fred s'est mis en fin au repos, après plusieurs mois de négociations pour pouvoir le convaincre de l'hospitalisation. Les minutes passaient et le temps ne cessaient pas de s'alourdir, au milieu de la petite pièce de l'hôpital, peu d'une petite heure passé, Sophia et le voyageur méconnu et Emma sont partis, en attendant de revenir, et de s'assurer que leur ami, va très bien.

Durant la route, Sophia s'est étonnée de savoir qu'Emma a quitté la fondation, Emma n'avait pas informé Sophia, tellement qu'elle était préoccupée de l'hospitalisation de Fred, il a fallu tout détaillé à Sophia, toutes les deux, étaient très convaincus, que la meilleur méthode de faire avancer leur projet, c'est d'être autonomes et ne pas s'attacher sans limites aux pensées des autres, il faudrait apprendre à penser et à développer nos propres pensées, qui se sont enracinées au fond de notre intellect, c'était l'ultime confiance en soi et une apprentissage sans interruption.

Autrement, le voyageur méconnu, est parti à toute vitesse rejoindre Attique et Safire, il lui a fallu comprendre le phénomène, qu'il ont constaté ensemble tout au long du square ; la matière blanche grisâtre a commencé à le préoccuper, il a pris un taxi tout en appelant Safire, pour lui indiquer l'adresse, il a fallu se dépêcher pour empêcher n'importe quel résultat désagréable.

Le voyageur méconnu à presque oublié ses chagrins subjectives, il s'est engagé entièrement au côté de ses amis, pour relativiser ses événements passés en ville et pouvoir construire ses progressions et se préparer à contacter sa famille au village et à informer la famille de son ami Rawisse à propos de sa mort, tout au long du trajet, il s'est préparé psychologiquement, pour accepter la réalité, et effacer toutes les culpabilités qui pourront influencer, ses prises de position, cinq minutes après, il s'est retrouvé face au Laboratoire Scientifique de la physique, il était impatient de connaitre le résultat de l'échantillon, en mentant les escaliers, il a trouvé ses amis en train de discuter avec l'un des responsables, apparemment c'était le physicien, qui s'est occupé de l'analyse, leur allure était très tendu, le physicien lui a posé des questions à propos de l'endroit, où ils ont trouvé cette matière, il leur a expliqué qu'il doit appeler, une équipe qui se chargera de l'élimination de la matière, car la matière contient des rayons radioactifs et ça explique l'existence d'un centre nucléaire aux alentours, si non, un Site nucléaire qui est suspect d'être pollué, il faudrait absolument, que je passe un coup de téléphone, le physicien a appelé l'équipe pour gérer le Site en cas de pollution, ainsi que l'évacuation des habitants à côté. Peu après, tous ont sorti du laboratoire, en se dirigeant vers l'endroit pollué. Les membres du groupe et le physicien ont pris un taxi, tout en attendant l'arrivé sur place de l'équipe qui se chargera de la démolition du Site, et de pouvoir dépolluer tout l'endroit, tout une grande préparation, pour éloigner le danger de la zone concernée.

Tout à l'air bien, malgré l'éventuelles complications, et les difficultés probables pendant la dépollution et l'évacuation pour tous les matériaux pollués. Rien à craindre encore, après tant d'obstacles rencontrés, pendant leur vécu, ces jours-là, ils étaient très occupés, par les différentes responsabilités, ils leur a fallu faire avancer et développer leurs événements quotidiens pour pouvoir s'occuper de leur Laboratoire Scientifique à la sortie de la ville. Ils sont restés encore ensemble à suivre leurs objectifs, en arrivant sur place, ils ont vérifié la quantité de la matière Ils étaient craintifs de trouver l'endroit, rempli de déchets industrielles. L'équipe s'est mis au travail, tous se sont dirigés aux alentours, pour savoir d'où vient ces déchets. Ils ont appelé un autre équipe, pour pouvoir s'occuper des investigations à propos de l'origine de ce désastre industriel.

Ils ont tout mis en marche, mais il restait encore à savoir, que l'endroit entière était contaminé, il faudrait dépolluer dix hectare de superficie et parmi la zone qui était polluée ; L'hôpital, alors ça devint très compliqué, mais urgent, tous étaient paniqués par cette inattendu désastre. Tout le monde couraient, des coups de téléphone sonnaient par tout, un autre grand souci, c'était de se dépêcher à L'hôpital, pour s'informer sur les mesures à prendre, dans des situations pareilles.

Après un mois, le Site industrielle était définitivement fermé, et tous les employeurs ont quitté la zone. Le voyageur méconnu courait à toute vitesse à L'hôpital, il enjambait tous les escaliers, en un éclair de temps, sans se tourner, il a senti une main étrange, posée sur ses épaules, il a à peine regardé en face, quelle surprise ! c'était un visage familier, il commençait à se rappeler difficilement du portrait en face de lui, la personne a commencé à sourire largement, qui es-tu, a précisé le voyageur méconnu.

La personne en face était surprise de ne pas être connue tout de suite, mais bien sûr c'est leur voisin au village, mais oui c'est le père de Rawisse, tout était arrêté en face de lui, des frissons qui ont envahi tout son corps, son cerveau, son esprit, et tous ses émotions étaient actifs, et en plein mouvement, il s'est même laissé tomber sur le banc sans contrôle, il s'est effondrait complètement.

Le père de Rawisse a essayé de le réveiller, et de lui ramener même une petite bouteille d'eau fraîche, pour s'est hydrater, il courait aveuglement vers l'appareille en face de lui, il a ramené une bouteille, et plein de glaçons, il l'a réveillé en lançant des gouttes d'eau sur son visage, petit à petit il a commencé à se réveiller progressivement.

Tout est revenu en face de lui tout un panorama de souvenirs présentaient en face il a commencé à poser des questions, pourquoi vous-êtes là a interrogé le voyageur méconnu, et en même temps, il a fermé ses oreilles, il ne voulait pas savoir, et connaître la réponse il fermé les yeux, le père de Rawisse ne voulait rien ajouter, il a compris son énorme chagrin, il a appelé un médecin de L'hôpital, il s'est rapproché de lui, il a vérifié son état et il s'est informé plus auprès du père de Rawisse qui n'avait pas beaucoup d'informations concernant son fils qui était encore au coma ainsi que le déroulement de leur voyage, qui ont effectué ensemble, il a fallu tout recommencer pour comprendre tout ce cercle dilaté qui est loin d'être vicieux. Tous étaient embarqués, sans oublier l'arrivé de toute une foule de famille, dans les allés de L'hôpital. En effet, Le voyageur méconnu, s'est réveillé en sursautant, il parlait sans arrêt, tout est revenu en sa mémoire ; sa mémoire s'est solidifiée, s'est rayonnée brusquement, il posait des questions directes au père de Rawisse ; où est Rawisse ? le père ne répondait rien, parc qu'il ne savait rien à propos de leur voyage et des événements passés en ville, concernant le voyageur méconnu, en un instant, il l'a conduit par la main, jusque au la chambre de réanimation, son ami était encore dans le coma, personne n'a osé parlé encore, les paroles n'avaient aucunes importances, il a même jeté son cahier de note, le voyageur méconnu, était exténué psychologiquement, il ne pouvait plus encore régresser, là c'est vraiment extraordinaire disait calmement, il marchait lentement tout au long des escaliers, ses larmes coulaient, abondamment sur ses joues, ils ont descendu au bloc de réanimation le vide au alentour était ingérable, malgré l'incroyable événement, tout était incertain, douteux, avant de voir son ami, mais rien ne l'empêchait de continuer son chemin, jusque au l'arrivé au bloc, il y'avait que le voyageur méconnu, qui avait le droit de rentrer, les autres attendaient à côté de la porte.

C'était de la haute émotion, ça fait un an depuis, qu'il a cru qu'il a perdu son ami, au fond de la rivière, ça fait un an, qu'il s'est laissé écrouler, et perdre la raison, pour des illusions qui, étaient hors réalité, ça fait un an depuis, qu'il a oublié sa famille, et la famille de son ami, rien n'était réel pour lui, il a même inventait son monde, et un univers qu'il lui a permis, de vivre en harmonie avec soi-même, tant de réflexions surgissaient à l'intérieur de lui, il s'approchait délicatement de son ami, mais apparemment, il ne parlait pas encore, malgré sa conscience et son éveille régulier, il voulait lui adresser la parole, mais rien à dire, tout n'était pas assez, pour traduire la joie du voyageur méconnu, il s'est assieds en face de lui, souhaitant le voir un jour en parfaite santé. En fait, Emma, Attique, Omar, Sophia, Safire sont partaient rejoindre Fred, ils ont pris plein de bouteilles d'eau, ils savaient bien, que Fred buvait énormément d'eau, il avait toujours soif, et sa boisson préférée était l'eau. Ils se sont dirigés vers sa chambre, pour une simple visite, pendant quelques minutes, comme par surprise, Fred était déjà réveillé, il était en train de prendre son petit déjeuné, tous étaient contents de l'événement, et le rétablissement progressif de Fred.

Le médecin, lui a enlevé les sparadraps autour de ses yeux, son sourire a retrouvé sa voie, quand il a aperçu l'arrivé de ses amis, tous le féliciter, et lui souhaitant un retour proche parmi eux. Fred, ne savait rien, à propos des événements inattendus, qui étaient déroulés à l'extérieur de L'hôpital, et la probabilité d'évacuer l'endroit, mais personne ne lui a rien dit, Fred était vexé de ne pas voir le voyageur méconnu parmi ses amis, il ne voulait rien ajouter, il a cru qu'il était occupé en ville.

Les membres du groupe étaient dispersés dans leur quotidien, il a fallu partir chacun à son côté, pour parvenir à accomplir l'ensemble de leurs projets qui ont débuté ensemble, Le voyageur méconnu attendait le réveille de Rawisse, Sophia, et Safire sont partaient en ville, pour vérifier les avancés de l'équipe qui se chargera du Site nucléaire. Attique est partait voir les travaux, qui étaient déclenchés, au sein de « la fondation scientifique des esprits libres ». Tous étaient en plein effervescence, il a fallu aménager tant de tâches multiples, pour pouvoir réduire la pression intarissable de leur vécu au sein de la ville, Omar voulait rejoindre Emma, et partir chercher le voyageur méconnu, personne ne savait où il s'est réfugié, il a fallu tout déduire pour pouvoir se détacher librement, des ficelles de l'amitié.

Après l'installations de leurs projets, qui étaient travaillés, et développés ensemble, tous sont partaient à leur propres préoccupations. À l'instar des progrès, qui été réalisé ensemble, et leur attachement quotidien durant un an entier, tous les membres du groupe ont achevé des possibilités de compréhension importantes, par leurs solides liens, qui étaient basés sur l'actualisation, et le maintien de leur individualité, qui était en progression permanent, leur solidarité était incontournable, c'était le seul concept, qui s'est enrichit, tout au long de leur cohabitation.

Après un mois passé, la ville s'est transformée visiblement, l'ordre de fermer L'hôpital était déjà appliqué, ainsi que le déménagement forcé, pour les habitants, après la découverte, des déchets radioactifs, au milieu de la nature, tout était chamboulé. En effet, personne n'avait le temps de se reposer, leur vie reprend un autre ampleur, tous les patients se sont déplacés, et remis en urgence à la grande hôpital privé, qui se trouvait à la sortie de la ville, tant de vécu, qui leur a permis de se construire autrement, et de pouvoir évacuer tous leurs obstacles rencontrés au milieu de la ville. Par leur propre raison, qui ont redécouvert par leurs propres logiques. Tout était à développer encore, et à apprendre sans relâche. Fred a parvenu à sortir de L'hôpital, les membres du groupe étaient émerveillés par le résultat, leurs sourires sont revenus et Fred s'est laissé guider par sa propre vue, dés à présent, il ne dérangera personne, pour lui montrer le meilleur chemin à prendre, en lançant le regard lointain, il disait, que tous les chemins, sont utiles à effectuer. Autrement, la famille de Rawisse, se sont installés en ville en espérant voir Rawisse se réveillera du coma, le voyageur méconnu ne lassait jamais de lui rendre visite, c'était son grand espoir dans l'avenir tout en continuant à lui parlé régulièrement, malgré son incapacité à répondre, il faisait que bouger sa tête et ses épaules, en réclamant quelque chose parfois, et d'autres fois c'était juste des hallucinations, qui prenaient surface et disparaissent sans motif apparent, le voyageur méconnu ne se désespérait jamais, de temps à l'autre, il l'accompagnait jusque au jardin de L'hôpital, il lui parlait quotidiennement, il l'avait même l'idée, de lui montrer l'étoffe des cailloux, et pourquoi pas installer un coin d'eau, pour pouvoir lancer des ricochets à côté de Rawisse, il a parvenu à appliques toutes ses petites théories, pour pouvoir stimuler son intelligence. Le médecin, était tout à fait d'accord pour que le voyageur méconnu, applique et maintient, ses liens avec Rawisse.

Le temps passait sans relâche, l'automne est arrivé en toute délicatesse, les membres du groupe ont passé ensemble, une journée très rare en compagnie de Rawisse, pendant la journée il a regardé tout le monde avec un air serein, puis, il a prononcé des lettres incompréhensibles, tous étaient en plein étonnement, et en même temps, une joie douce qui est apparu dans les traits de leurs visages, tous étaient convaincus, qu'il était un miraculé, d'être sauvé par un pêcheur, qu'il a trouvé sur les abords de la rivière, en appelant les pompiers, qui se sont déplaçaient et récupéraient rapidement Rawisse, qui respirait très lentement, à peine arrivé, il était pris en charge, par l'équipe médicale.

Le voyageur méconnu a informé le cercle, de leur naufrage au milieu de la profonde rivière. Rawisse, continuait encore à contempler tout le monde, et à prononcer des syllabes et des chiffres, et des voix qui n'étaient pas très bien clarifiés, tant d'essaye et d'erreur, jusque au qu'il a parvenu à sortir un prénom entière de sa bouche, il a élevé fort sa voix en prononcent Kim à plusieurs fois, tous se sont restés muets personne n'a rajouté un mot de plus, en effet, il y'avait que le voyageur méconnu, qui écoutait attentivement Rawisse, et en plus, il vient de prononcer son propre prénom, qu'il a oublié pendant un an. Kim ; il était émerveillement émue, tout était comblé, sa mémoire s'est rafraîchi comme si, c'était le premier jour de sa naissance, il était content à deux reprise tout d'abord, le langage de son ami qui est revenu, et son prénom qu'il a retrouvé, grâce à Rawisse, tout était emmêlé humblement. Les membres du groupe étaient intrigués d'entendre ces nouvelles, qui étaient en dehors de leur portée il a fallu tout ce temps, pour que le voyageur méconnu retrouve son prénom la nouvelle était un grand soulagement, pour l'équipe médicale.

En vrai, Rawisse pourra rejoindre sa liberté et pouvoir s'insérer dans un univers, qui lui rendra son propre univers. Le train de la vie a retrouvé son renouvellement et tous étaient en pleine confiance, vis-à-vis de tous les projets qu'ils ont réalisé en ville, espérant recommencer leur existence en pleine harmonie, qui leur permettront de construire d'autres cercles ensembles, qui seront ouverts sur d'autres champs de connaissances et de développement ensemble, c'est d'autres visions du monde, qui vont se concrétiser, au sein d'une réalité retrouvée, et d'une nouvelle régénération, vers d'autres horizons vertueux.

Dè sLe : 16/01/2014 Le Dimanche : 14 / 07 / 2014.
Farida AFKIR El marraki. France.

Depuis ce jour-là, tous ont appris à pratiquer de l'aviation
À travers le ciel levé qui s'est ouvert largement en face d'eux.

L'ANALYSE DU LIVRE

LE GLOSSAIRE

Pour le linguiste Noam-Chomsky, le langage humain porte en son issue, d'autres perspectives, qui développent et transforment le capital linguistique, qui est construit sur la créativité et la création humaine. C'est une théorie de grande envergure. Dans l'ouvrage intitulé « SELECTED READING ON TRANSFORMING THEORY – NOAM CHOMSKY. Edited by J.P.B. Allen and PAUL VANBUREN DOVER Publications. I N C. Minlola NEW YORK. « Les règles qui expriment la relation de la structure profonde de surface d'onde en phrases, s'appellent transformation grammaticale, par conséquent la grammaire transformationnelle générative en terme doivent être clairement comprises, ce travail actuel dans la linguistique générative est essentiellement théorique en nature.

Il n'est pas motivé par un intérêt pour les ordinateurs, n'importe quel autre genre d'ingénierie, aucun fait constitue une tentative de propager un nouveau et obscur branche des mathématiques. Elles suivent que les êtres humains, en tant qu'utilisateurs des langages dans tous ses aspects, devraient former le domaine explicatives et empirique de la théorie linguistique. En conséquence, dans le contexte du linguistiques génératif, nous sommes concernés par des données dans son propre intérêt mais comme évidence pour l'existence de certains principes d'organisation, dans l'esprit ce qui le rends possible, qu'un orateur utilise le langage créatif. » version anglaise. Page 15.Traduit de l'Anglais.

L'Âme est exclusivement approfondie dans la pensée d'Aristote, il explique comme ceci : « Comprendre-on par là que tout l'être est substance, ou bien que tout l'être est ou quantité ou qualité ? Si tout est substance dans l'être, comprend-on que c'est une substance unique qui est tout l'être ? » Page 217 L'Œuvre d'l'Aristote : livre I (1862) – Des Principes de l'ÊTRE. Page 217.

L'Âme : Est aussi approfondie autrement chez Aristote : « Après avoir montré tout ce qu'a d'important l'étude de l'âme, Aristote indique, avec concision habituelle et avec la sûreté de son coup d'œil, les questions principales qu'il convient d'agir. L'âme est-elle une substance ? N'est-elle qu'une qualité ? Est-elle simplement en puissance ? ou est-elle une réalité complète ? Plus tard, il soutiendra qu'elle est une substance, qu'elle est en acte et non pas seulement en puissance ; mais nous verrons en quel sens il prête à l'âme la substantialité et l'énergie. » Page 3385 De La psychologie. Toutes les œuvres d'Aristote.

La théorie du mouvement chez Aristote le mouvement est expliquée comme ceci : « Il faut nous dire que le mouvement est dans l'ordre des idées le premier fait que doit constater la science de la nature et dont elle doit se rendre compte, sous peine de ne pas se bien comprendre elle-même. Mais par le progrès de l'analyse, et par l'importance du sujet, la théorie du mouvement est sortie du domaine propre de la physique, et sous le nom de mécanique, de dynamique et de statique, elle forme une science à part dont la physique ne s'occupe plus, mais qu'elle suppose, parce que sans une telle science la physique ne serait pas logiquement possible, la théorie du mouvement est si bien l'antécédent obligé de la physique, que, quand à la fin du XVIIe siècle. Newton pose les principes mathématiques de la philosophie naturelle. En expliquant le système du monde. Il ne fait dans son livre immortel qu'une théorie du mouvement, Decartes, dans les principes de la philosophie avait également placé l'étude du mouvement en tête de la de. » PREFACE À LA PHYSIQUE D'ARISTOTE. Page 17

La psychologie : « Aristote a constitué la science psychologique, tout aussi certainement qu'il a constitué la science de l'histoire naturelle. Buffon et Cuvier lui ont rendu pleine justice. Ne serait pas au moins singulier que les psychologues ne fussent pas aussi équitables que les naturalistes ? Pour notre part, concluons en disant que le traité de l'âme a fondé la psychologie scientifique, deux mille ans avant les Écossais : Essai philosophique concernant l'entendement humain John Locke. À ces mérites de forme et de composition, à ces mérites plus relevés que la physiologie et la physique peuvent trouver dans le Traité de l'Âme, à ce mérite surtout que la psychologie doit y consacrer, joignons cette influence qu'à toutes les époques les théories aristotéliques ont exercée sur les sciences voisines de la philosophie, et spécialement sur la théologie. Il n'y a pas deux moyens de bien faire comprendre l'homme un peu profonde s'appuie nécessairement sur une psychologie. » Page 3511 Psychologie d'Aristote-De l'Âme (1874) Psychologie – livre I. Aristote.

Le haut et le bas : Aristote introduit Platon dans son œuvre pour définir ces deux notions d'existence il dit « À la question générale du mouvement, s'en rattachent quelques autres que Platon a également touchées, et qu'à son exemple Aristote a fait entrer aussi dans sa physique. Platon distingue le mouvement en haut, et le mouvement en bas. Mais qu'est-ce que le haut ? Sont-ils relatifs à nous uniquement ? Ou bien existent-ils dans la nature ? Sur cette question, qui peut nous sembler embarrassante même encore aujourd'hui, Platon a deux solutions qui se contredisent et qu'Aristote n'a pas éclaircies plus que lui. Le haut est le lieu où se dirigent les corps légers ; le bas est le lieu où se dirigent les corps pesants. Il semble donc que le haut et le bas sont déterminés par une loi naturelle, puisque ce n'est pas indifféremment que tels corps s'élèvent, tandis que d'autres sont toujours entraînés par une chute irrésistible. Mais ailleurs, Platon est d'un avis, et il déclare qu'il n'y a dans la nature ni haut ni bas, attendu que tout y est concentrique. Platon, du reste, n'approfondit pas cette dernière idée, qui est comme un pressentiment de la théorie de la pesanteur universelle. » PAGE 36-37 PRÉFACE À LA PHYSIQUE D'ARISTOTE.

La nature : « Ainsi, il n'y a pas de hasard, il n'y a pas de nécessité dans la nature ; et ce que l'on appelle vulgairement nécessité et hasard, c'est ce que nous ne comprenons pas. On ne peut nier parfois la nature ne se trompe et qu'en voulant réaliser la forme, qui est son houe quelque fois dans ses efforts. Ainsi, les monstres sont une déviation des lois ordinaires, et d'un but vainement cherché ; c'est la perversion de la semence et du germe par une cause qui nous reste ignorée. Mais toujours le principe tend au même résultat, à moins qu'il n'y ait quelque obstacle qui l'arrête. Il est vrai que dans la nature le moteur est souvent impénétrable et invisible ; mais ceci ne veut pas dire qu'il ne soit pas intelligent. La nature, répétons-le bien haut, est une cause et une cause qui agit en vue d'une fin. » Page 78-79 — PRÉFACE À LA PHYSIQUE D'ARISTOTE.

La science chez Aristote est expliquée par une question générale qui consiste à définir la science « Quelle est donc la nature de la logique ? Répondons sans hésiter que la logique est une science, et que le propre de toute science, ainsi que l'enseigne Aristote, est de nous faire connaître les choses qui sont, comme le propre de l'art et de montrer à produire les choses. La science on n'est qu'une histoire, elle observe les faits, elle les classe, les systématise, en étudie les conséquences et les lois générales. Mais elle ne nous apprend pas à rien créer par les facultés que nous a données la nature. Elle ne s'adresse en nous qu'a cette partie de notre intelligence, qui nous met en relation avec le vrai. Elle ne s'adresse qu'à l'entendement, et ne prétend nous mener qu'a la contemplation, et pour parler grec, à la théorie » Livre Logique d'Aristote Introduction aux catégories. Page 5401. Aristote.

Le hasard et la spontanéité : chez Aristote sont inclus dans le faite que « Du hasard et de la spontanéité théories diverses sur le hasard, les unes le nient positivement, et les anciens sages ne l'ont pas admis eux Empédocle, admettent le hasard comme cause du ciel et des phénomène du monde, tout en ne le reconnaissant point pour cause des animaux et des plantes. D'autres théories font du hasard quelque chose de divin, qui est au-dessus de l'homme. Examinons donc de quelle façon il est possibles de placer parmi les causes énumérées par nous le hasard et le spontanéité sont la même chose ou des choses différentes, en un mot ce que c'est que spontanéité est hasard. Il y'a des philosophes qui révoquent en doute l'existence du hasard, et qui soutient que rien ne se produit jamais par hasard, attendant que toutes les choses qu'on croit spontanées. Ont toujours une cause déterminée. » Page 350-351.Livre II (1862) DE LA NATURE Aristote.

L'entendement humain : « Ainsi première capacité de l'Entendement Humain consiste en ce que l'Âme est propre à recevoir les impressions qui se sont en elle, ou par les objets extérieurs à la faveur des sens, ou par ses propres opérations lors qu'elle réfléchit sur ces opérations. C'est là le premier pas que l'homme fait vers la découverte des choses quelles qu'elles soient. C'est sur ce fondement que sont établis toutes les notions qu'il aura jamais naturellement dans ce monde.

Toutes ces pensées sublimes qui s'élèvent au-dessus des nues et pénètrent jusque dans les Cieux, tirent de là leur origine : et dans toute cette grande étendue que l'Âme parcourt par ses vastes spéculations, qui semblent l'élever si haut, elle ne passe point au-delà des idées que la sensation ou la réflexion lui présentent pour être les objets de ses contemplations. » Essaie Philosophique concernant l'entendement humain. John Locke. Page 113-114.

Le rêve : Pour John Locke il décrit les songes dans une explication simple : « Le raisonnement que Locke fait ici sur l'inutilité de ces pensées, prouve trop en lui-même, puisqu'on pourrait conclure qu'il est fort inutile que l'Âme soit occupée de cette foule innombrable de songes dont tant de gens sont amusés durant une bonne partie de leur vie, lesquels pour l'ordinaire ils oublient bientôt, et souvent même dans l'instant de leur réveil, ou dont ils ne se souviennent guère que d'une manière très-confuse et très-imparfaite. Car à quoi bon tous ces songes ? Il ne semble pas qu'ils soient d'un plus grand usage à l'homme que ces pensées que les philosophes à qui Locke en veut ici attribuent à l'Â me de l'homme enseveli dans un profond sommeil, desquelles il ne pourrait rappeler le moindre souvenir lorsqu'il vient à s'éveiller. Quant à l'inutilité de cette manière de penser, je ne sait si elle est constamment aussi réelle que le dit John Locke. Essai Philosophique concernant que l'entendement humain. dit John. Locke. Page 114

L'infini : chez Aristote : « L'infini nous échappe bien encore, puisque si nous pouvions le réaliser il ne serait plus l'infini ; mais il est en quelque sorte entre nos mains ; nous ne pouvons pas effectivement le saisir ; mais nous sentons qu'il est là et qu'il est en notre puissance. La conception de l'infini, circonscrit de cette façon et mis ainsi à notre portée, est précisément celle qui fait le fondement du calcul différentiel et intégral. C'est à cette seule condition que le calcul de l'infini a été rendu possible ». PRÉFACE DE LA PHYSIQUE D'ARISTOTE Page : 99-100.

Le temps et l'espace : Chez Aristote : « Le temps et l'espace sont dans le même cas ; car, d'une part, le présent tient à la fois et au passé et l'avenir ; et d'autre part, l'espace aussi doit compter parmi les quantités continues, puisque les parties du corps qui aboutissent par leur réunion à un terme commun coupent toujours un espace. Donc, les parties du corps, se réunissent dans ce même terme commun où se réunissent les parties du corps lui-même : donc, l'espace est quantité continue, puisque ces parties aboutissent par leur réunion à un terme commun. » Page 5824 Aristote Chapitre 6 – De la quantité. Toutes les œuvres majeures d'Aristote.

C'est quoi la Science chez Hegel : « La Science contient en elle-même cette néces-sité de s'aliéner et défaire de la forme du concept pur, ainsi que le passage du concept dans la conscience. L'esprit qui se sait, en effet, précisément en ce que et parce qu'il appréhende son concept, est l'identité immédiate avec soi-même, qui dans sa dif-férence est la certitude de l'immédiat, ou encore, la conscience sensible – Le com-mencement dont nous sommes partis ; ce congédiement de soi hors de la forme de son Soi-même est la liberté de l'assurance suprême de son savoir de soi. Portant, cette al-iénation est encore imparfaite ; elle exprime la relation de la certitude de soi-même à l'objet, qui, précisément en ce qu'il est dans la relation, n'a pas conquis sa liberté, pleine et entière. Le savoir ne se connaît pas seulement soi-même, mais connaît aussi le négatif de soi-même, ou encore, sa limite. » Page 559560. Phénoménologie de l'es-prit. Hegel.

Les éléments de la médecine chez Avicenna : 1 « Les constituants primaires du corps humain est médecine traditionnelle s'appellent « les éléments » sont les blocs fonctionnels de base pour la science de la médecine, les quatre éléments terre air le feu, et l'eau sont les simples particules du tout. Ce qui est matériel sont les particules les plus simples de nos corps. À chacune d'elles sont joints deux qualifes : la terre est sèche et froid, l'eau froid et moisi et le feu est chaud et sec. La terre est contraire pour l'air, et l'eau contraire au feu. L'Union est possible parce que l'eau sert de moyens entre l'eau et le feu. Les éléments, comme des tonalités musicales, qui possèdent une incli-nation non seulement de monter et de descendre, mais se déplacer également dans une direction circulaire. Chaque élément est joint par une de ses qualités, à celui au-dessous de quel, et pour l'autre à ce qui est au-dessus d'elles. Avicenna. Diseuses, Disorder, Obstructions, Swellings and Managing pain, adapted by Laleh Bakhtiar from translations by O. Cameron Gruner and Mazarh. Shah Correlated with the Arabic by Jay R. Crook with Notes by O. Cameron Gruner. Page 27-28. Traduit de l'anglais.

Les éléments de la Médecine chez Avicenna : 2 sont bénéfiques quand ils sont combinés ensembles malgré leur contrariété, dans son livre il précise que « La qualité résulte des qualités d'oppositions des éléments, un mélange de chauds, froid, sec, et humide. L'équilibre vient quand la force des qualités primaires sont mélangées. Dans la Médecine, il ne dépend pas exactement de l'égale mais du signifiant que la qualité et la quantité des éléments sont distribuées de façon que la configuration en résultant de l'équilibre du corps, comme une totalité ou si ses pièces est la plus appropriée pour la personne. Page 28-29. Avicenna, On Thérapeutiques. Le même ouvrage

L'Inconscient : « C'est l'un des trois instances dans la première topique freudienne. (…)Le mot fait son apparition vers 1820 ; il prend une extension considérable et un sens singulier au XXe siècle, surtout sous l'influence de Freud et du de la psychanalyse. Il est désormais utilisé dans la plupart des sciences de l'homme, avec des acceptions relativement différentes… » L'encyclopédie numérique Larousse.

The Talking Cure : REF : Les cinq leçons sur La psychanalyse. Traduction de l'allemand par Yves Le lay, 1921,ISB N : 979-10-232-0149-9.

L'inconscient : « selon Claude-LéviStrauss, Freud manque la signification de l'inconscient, qui ne se déroule pas sur un seul niveau, de façon linéaire, mais mobilise toujours en même temps plusieurs niveaux et plusieurs codes : (…) c'est pourquoi Claude-Lévi-Strauss considère l'interprétation par Freud du mythe d'œdipe comme une réduction de ses possibilités à un seul niveau de signification, et met en valeur d'autres traits signifiants du mythe : l'importance de la consommation, l'attachement à un sol, la position dans un système de parenté » Frédéric Keck, AGORA Claude-Lévi-Strauss, « Une introduction ». Pocket, département d'Univers, Poche, 2005.Page 51.

Dans le même ouvrage le chercheur explique les analyses de Claude LéviStrauss concernant l'inconscience Freudien « On peut donc dire en un sens que Claudelevi-Strauss : vide l'inconscient freudien de son caractère pulsionnel, au profit d'un inconscient formel sur le modèle linguistique, et, dans le même mouvement, qu'il élargit la conception freudienne de l'inconscient. » Frédéric Keck AGORA, Claude-Lévy-Strauss : « Une introduction ». Pocket, département d'Univers, Poche, 2005.Page.56.

Socrate. « Philosophe grec (…) Socrate fit de l'intelligence l'instrument d'une quête méthodique de la vérité. Son enseignement, propagé par les dialogues de Platon, fut si déterminant que la vie de l'esprit en fut à jamais transformée ». L'encyclopédie Larousse numérique. Parmi les citations de Socrate « connais-toi-toi-même ».

La phénoménologie de l'esprit : Chez Hegel la phénoménologie de l'esprit contient plusieurs acceptions, sa méthode dialectique produit des innombrables idées qui sont en perpétuelle innovation, dans certains de ses ex-plications, il nous incite à réfléchir à propos de la phénoménologie de l'esprit, comme ceci : « Si dans la phénoménologie de l'esprit chaque moment est la différence du savoir et de la vérité, ainsi que le mouvement dans lequel cette différence s'abolit, la science, en revanche, ne contient pas cette différence et son abolition, mais, dés lors que le moment à la forme du concept, il réunit en une unité immédiate la forme objectale de la vérité et du soi-même qui sait » La Phénoménologie de l'esprit. Hegel. Page 559.

1 The Elements.

Les textes comme ils sont écrits en anglais :

« THE PRIMARY CONSTITUENTS OF HUMAN BODY IN TRADITIONNEL MEDECINE ARE CALLED « THE ELEMENTS ». THEZ ARE THE BASIC BUILDING BLOCKS FOR THE SCIENCE OF MEDECINE. THE FOUR ELEMENTS – EARTH, AIR, FIRE, AND WATER, – ARE THE SIMPLES PARTICLES OF ALL THAT IS MATERIAL. THEZ ARE THE SIMPLETS PARTICLES OF OUR BODIES. TO EACH OF THEM ARE JOINED TWO QUALITIES. EARTH IS DRY AND COLD ; WATER, COLD AND MOIST ; AIR HOT AND MOIST ; AND FIRE IS HOT AND DRY. EARTH IS CONTRARY TO AIR AND WATER TO FIRE. UNION IS POSSIBLE BECAUSE WATER SERVES AS A MEAN BETWEEN EARTH AND AIR AS A MEANS BETWEEN WATER AND FIRE. THE ELEMENTS LIKE MUSICAL TONES, POSSESS AN INCLINATION NOT ONLY TO ASCEND AND DESCEND, BUT ALSO TO MOVE IN A CIRCULAR DIRECTION. EACH ELEMENT IS JOINED BY ONE OF IT'S QUALITIES TO THAT WHICH IS BE-LOW AND BY OTHER TO THAT IS ABOVE IT. » PAGE 2728 AVICENNA.

2 The Elements.

Dans le même sens, Avicenna continuait d'expliquer l'importance de ces éléments de médecine dans la vie humaine « QUA-LITY RESULTS FROM THE OPPOSING QUAL-ITIES OF THE ELEMENTES, A MIXTURE OF HOT, COLD, WET AND DRY. BALANCE COMES WHEN THE STRENGTH OF PRIMARY QUALITIES ARE EQUAL TO THESE QUALITIES – AN AVERAGE OF THESE QUALITIES. IN MEDICINE, IT DOES NOT DEPEND UPON EXACTLY EQUAL BUT « EQUITABLE », MEANING THAT THE QUALITY AND QUANTITE OF THE ELEMENTS ARE DISTRIBUTED IN SUCH A MANNER THAT THE RESULTING PATTERN OR EQUILIBRIUM OF THE BODY AS A WHOLE OR IF ITS PARTS IS THE ONE MOST APPROPRIATE FOR THAT PERSON. Page 2728. AVICENNA.

BIBLIOGRAPHIE

Ouvrages et références

Toutes les Œuvres Majeures d'Aristote. Couverture : Portrait d'Aristote TARDIEU (1788-1841).

Marie Curie. Xavier-Laurent Petit.2005, l'école des loisirs, Paris. Imprimé en France par C.C.I.F. À Saint-Germain-du-Puy.

Essai Philosophique concernant l'entendement humain. John Locke.

SELECTED READINGS ON TRANSFORMATIONNEL
THEORY. Noam Chomsky. Edited by J.P.B ALLEN and Paul Van BUREN. Publications. I. N. C. Mineola. New York.

Les informations qui traitent le domaine de psychologie sont référaient aux Encyclopédies numériques mentionnées.

1 Le moteur de recherche Wikipédia.
2 Le dictionnaire numérique d'Appel.
3 L'encyclopédie numérique Larousse.

Avicenna On THERAPEUTICS, DIEDEASES, DISORDRES, OBSTRUCTIONS, SWELLINGS AND MANAGING PAIN ADAPTED BY LALEH BAKHTIAR FROM

TRANSLATION BY OC. AMERON GRUNER AND MAZAR H. SHAH CORRELATED
WITH THE ARABIC BY JAY R. CROOK WITH NOTES BY O. CAMER ON GRUMER.
La version anglaise. La bibliothèque numérique.

Claude-Lévi-Strauss Introduction, Frédéric Keck, pocket, département d'Univers
Poche, 2005.

Hegel, La phénoménologie de L'esprit. Traduction et présentation par Jean-Pierre
LeFebvre. Édition bilingue.